品质课程聚焦丛书

王雪梅　杨四耕　主编

特色项目课程

体育特色课程的校本建构

刘　兵◎主编

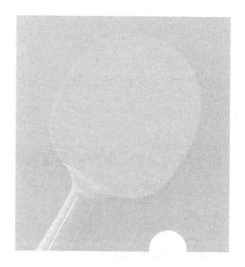

全国教育科学"十三五"规划课题
"区域推进中小学品质课程建设的实践研究"
（课题编号 FHB180571）之研究成果

华东师范大学出版社
·上海·

图书在版编目（CIP）数据

特色项目课程：体育特色课程的校本建构/刘兵主
编. —上海：华东师范大学出版社，2021
（品质课程聚焦丛书）
ISBN 978 - 7 - 5760 - 2316 - 9

Ⅰ. ①特… Ⅱ. ①刘… Ⅲ. ①体育课-教学研究-小
学 Ⅳ. ①G623.82

中国版本图书馆 CIP 数据核字（2021）第 248891 号

品质课程聚焦丛书
特色项目课程：体育特色课程的校本建构

丛书主编　王雪梅　杨四耕
主　　编　刘　兵
责任编辑　刘　佳
项目编辑　林青荻
特约审读　郑　月
责任校对　黄　燕　时东明
装帧设计　卢晓红

出版发行　华东师范大学出版社
社　　址　上海市中山北路 3663 号　邮编 200062
网　　址　www. ecnupress. com. cn
电　　话　021 - 60821666　行政传真 021 - 62572105
客服电话　021 - 62865537　门市（邮购）电话 021 - 62869887
地　　址　上海市中山北路 3663 号华东师范大学校内先锋路口
网　　店　http: //hdsdcbs. tmall. com

印 刷 者　杭州日报报业集团盛元印务有限公司
开　　本　787×1092　16 开
印　　张　11.5
字　　数　101 千字
版　　次　2021 年 12 月第 1 版
印　　次　2021 年 12 月第 1 次
书　　号　ISBN 978 - 7 - 5760 - 2316 - 9
定　　价　36.00 元

出 版 人　王　焰

（如发现本版图书有印订质量问题，请寄回本社客服中心调换或电话 021 - 62865537 联系）

丛书总序

自 2015 年以来，我们在合肥市蜀山区推进"品质课程"项目，致力于学校课程文化变革，改变区域课程改革生态。这些年，我们深刻地感受到，课程是一种文化存在，文化是课程的存在方式和存在本身。

怀特海指出，过程是世界万物固有的本性。[①] 在他看来，"事件"和"事物"不同：事件是唯一的，是不可重复的；而事物则是自然之物，是永恒的。[②] 据此，我们认为，课程文化不仅仅是事物的集合，更是事件的生成。我们可将课程文化理解为事件之展开而非仅仅是事物之集合，由此所展现的将是课程文化要素、课程文化形态、课程文化主体共同构成的一幅立体兼容的文化图景。

从"事物"角度看，课程文化是课程形态和课程实践蕴含的价值、信仰、规范以及语言等文化要素的合生体，这些文化要素构成了课程文化的基质。因此，课程文化是一种信仰、一种语言、一种规范、一种眼光、一种思维方式、一种处理问题的方式，它们具体表现为课程精神文化、行为文化、制度文化以及物质文化。课程文化要素的相互摄入以及微观生成，构成学校课程文化变革的内在过程。在怀特海看来，把具体要素据为己有的每一过程叫作摄入。[③] "摄入"理论从微观层面说明了现实存在自我生成的内在机制。

课程精神文化、行为文化、制度文化以及物质文化诸要素相互摄入进而存在于另一存在之中，成为相互依存的合生体。在这个合生体中，课程精神文化是最核心的、最深层的、根部性的文化要素，是课程物质文化、制度文化与行为文化的价值凝练和理念引领。课程制度文化是具有中介性质的文化，它联结课程物质文化和行为文化，既是课程物质文化的制度保证，又是

① 怀特海. 过程与实在：宇宙论研究（修订版）［M］. 杨富斌，译. 北京：中国人民大学出版社，2013.

② 陈奎德. 怀特海哲学演化概论［M］. 上海：上海人民出版社，1988.

③ 杨富斌，等. 怀特海过程哲学研究［M］. 北京：中国人民大学出版社，2018.

课程行为文化的规约机制。课程行为文化是课程文化的表现，既受课程精神文化的直接影响，又受课程制度文化的现实规范。课程物质文化处在表层，是课程精神文化、课程行为文化和制度文化的空间和载体。如此，课程文化诸要素相互摄入、相互作用，共同构成课程文化的深层结构。

课程文化变革过程包含"物质性摄入"与"概念性摄入"，① 这两种摄入是多维关联的重构过程，其中微观生成是生动活泼而丰富多彩的。一般地说，学校课程文化诸要素之间的相互摄入，其中课程精神文化居于核心地位，它体现于其他各要素之中。课程文化变革可以从课程文化的部分要素开始，以点带面，但要实现课程文化彻底转向，或要真正提升学校课程品质，就必须整体协调课程文化之各要素，就要以"文化的眼光"或"思维方式"进行这种摄入行动的思考和判断。

以上是课程文化的"事物观"及其变革机理。在这里，我想再说一个观点，那就是：课程文化不是简单的要素组合，而是一个展开的事件。正如巴迪欧在《存在与事件》一书中所言：真理只有通过与支撑它的秩序决裂才得以建构，它绝非那个秩序的结果；我把这种开启真理的决裂称为"事件"；真正的哲学不是始于结构的事实（文化的、语言的、制度的等），而是仅始于发生的事件，始于仍然处于完全不可预料的突现的形式中的事件。② 从"事件"角度看，课程文化是一个不可能重复出现的生成过程，处于不断运动变化之中。作为"事件"的课程文化之真理即是在完整的课程实践中成就人、发展人和完善人。

课程文化是学校里公开的或隐蔽的信念、行为、习惯和价值观等要素相互"包含""进入""创造""构成"的"合生"事件，它融合了课程的物质和精神两个层面的意涵，它不仅包含课程意识、课程理念、课程价值等内隐的精神文化形态，而且包含学校课程实践过程中所创造的课程物质、课程制度以及课程行为等外显的文化形态，是诸要素相互参与和多维互动的创造过程，是"事件"生成与发生的过程——因为"文化的每一个方面都是一个能

---

① 怀特海认为，对现实存在的摄入——其材料包含着现实存在的摄入——叫作"物质性摄入"；对永恒客体的摄入叫作"概念性摄入"。参阅：杨富斌，等. 怀特海过程哲学研究［M］. 北京：中国人民大学出版社，2018.

② Alain Badiou. Being and Event［M］. London：Continuum International Publishing Group，2006.

够改变文化的创造源，都是非常主动的创造性力量"①。

一种文化首先意味着一种眼光，眼光不同，对所有事情的理解就不同。② 课程文化是我们做事的眼光、处事方式和思维习惯，是生长着的"事件"，是我们理解课程实践、推进课程变革的眼光。当然，课程文化虽然是一个"事件"，但在本体论意义上，课程文化仍然是一种不易感知的实在。人类学家指出，人们一般意识不到他们身边的文化，因为此类文化表现为平常的生活，表现为看上去正常和自然的东西。文化以无意识的状态或者说未被检查的状态悄悄地让我们做出选择、进入生活。③

但是，这并不妨碍我们认识课程文化，我们仍然可以用智慧感知课程文化的存在，我们仍然可以用眼睛捕捉课程物质文化、制度文化、行为文化和精神文化。课程物质文化是以物质形态存在的设施和空间，这是课程文化赖以存在的物质基础与场域条件；课程制度文化是学校制定的规约课程实践的活动程序和价值规范，是学校课程变革过程中形成的价值体系和活动规则；课程行为文化是行为主体在长期的课程实践过程中形成的处理课程事务的一以贯之的行为方式，这种行为方式具有长期稳定性、潜意识性和无需提醒等特点；课程精神文化是学校课程文化的核心，是主导学校课程实践的理念和精神，通常会借助富有哲理的语言加以概括。这些课程文化要素，我们可以"看见"它们的合生性存在，也可以"分辨"它们的原子性存在。

我们的结论是：课程与文化有着天然的血肉联系，凡是课程变革一定是文化变革，没有文化内核的课程变革很难取得成功；文化变革需要课程建设支撑，没有课程支撑的文化变革是不可思议的。怀特海指出，现实存在就是合生，每一个现实存在都不是只有一种元素的简单的存在，不是原子论意义上的存在，而是由诸多要素构成的合生或有机体。④ 在学校课程变革过程中，课程与文化二者"合生"即生成课程文化。课程与文化的"合生"设计，是学校课程文化变革的重要方法。

在具体操作上，推进学校课程文化变革有两条道路可供选择。第一条道

①② 赵汀阳. 赵汀阳自选集［M］. 桂林：广西师范大学出版社，2000.

③ 约瑟夫，等. 课程文化［M］. 余强，译. 杭州：浙江教育出版社，2008.

④ 怀特海. 过程与实在：宇宙论研究（修订版）［M］. 杨富斌，译. 北京：中国人民大学出版社，2013.

路是自上而下的演绎道路，实现从文化概念到课程设计的"合生"。首先确定学校课程哲学，包括学校课程理念、课程愿景、育人目标和课程目标。其次，厘定学校育人目标和课程目标。再次，梳理学校课程框架，设计学校课程内容。复次，活跃学校课程实施，使课程功能最大化。最后，把握学校课程评价和管理。如此，课程文化建设是从文化概念建构开始的，由此展开学校课程整体规划，实现从文化概念到课程设计的"合生"。

第二条道路是自下而上的归纳道路，实现从课程实践到文化逻辑的"合生"。学校课程文化建设实际上也是学校文化决策过程，每一所学校都有自己的文化背景，包括周边的文化资源、历史传统、现实经验，这是学校课程文化变革的客观基础，也是学校课程哲学生长的土壤，"土质"的不同导致学校课程哲学追求的不同。在分析学校课程情境的基础上，对学生的需求进行调查，了解现有课程的实施情况，发现学校课程中存在的问题；根据学校课程情境分析和学生需求调查，形成学校课程哲学，明确学校的育人目标和课程目标；基于课程价值需求分析，建构学校课程框架与体系；布局学校课程实施的多维途径和多种方式，确保课程实施的有序与有效；制定一套课程管理制度，保障课程变革顺利推进；制定一套评估方法，对课程品质进行评估。这是由课程实践到文化逻辑的"合生"过程。

合肥市蜀山区"品质课程"项目实践表明，学校课程文化变革可以是演绎式，也可以是归纳式。演绎式可理解为"概念先行——实践验证"方式；归纳式可理解为"实践探索——归纳提升"方式。课程是具有情境性和价值负载的文本，学校课程文化变革宜采取"理论、研究与实践互动"的方式。这种方式不完全依赖于概念或理论，也不脱离学校实际情境。在学校课程实践中，以学校课程情境为基础，以课程的实际问题为切入点，以理论为指导，以概念为圆心，边研究边行动，在实践中总结提炼，又在实践中加以验证与改造，在理论与实践的互动互补、碰撞对话中生成学校独有的课程文化框架。

马克思说："全部社会生活在本质上是实践的。凡是把理论引向神秘主义的神秘东西，都能在人的实践中以及对这个实践的理解中得到合理的解决。"① 合肥市蜀山区"品质课程"项目探索告诉我们：实践是课程文化价值实现的根本途径，是推进学校课程文化变革的关键力量。学校课程文化变革必须为行动提供充分的理据，从而使得行动趋于合理化，增强学校文化变革的认同感和一致性。在某种意义上，这也是一种文化自觉。

杨四耕

2021 年 2 月 5 日于上海市教育科学研究院

① 马克思恩格斯选集（第 1 卷）[M]. 中央编译局，译. 北京：人民出版社，1995.

目录

宝剑锋从磨砺出，梅花香自苦寒来。一柄重剑，舞起了精彩人生；一份拼搏，彰显了亮剑精神；一种坚持，造就了剑意锋芒。孩子们在击剑中感悟勇气，感悟坚韧，感悟坦然与豁达，全力以赴追逐目标，尽心尽力享受过程——这是我们共同的教育追求！

田径是多彩的。用丰富多彩的田径项目，让学生掌握技能，健康快乐地成长；用各具特色的田径社团，让学生发挥特长，展示自我；用灵活多变的教学方法，让学生学会学习，培养终身体育意识；让多彩的运动环境，培养学生的坚韧品质，成就多彩童年。

第三章 活力跳绳：在运动中迸发活力 —— 43

活力是朝气蓬勃的力量，是旺盛的生命力，是青春的表征。迎着朝阳，孩子们在广阔的绿茵场上自信飞扬：一根根跳绳，如条条长龙，伴着"呼呼""啪啪"的声音在手中翻腾，在阳光下形成一圈圈彩色光环，孩子们用汗水浇灌灿烂美丽的运动之花。

第四章 乐健足球：在拼抢中灌溉梦想 —— 63

绿意盎然，怡悦生长。生命焕发出勃勃生机，孩子们借"足球"画笔描绘精彩的人生画卷：足球在脚下滚动，笑容溢满脸庞，快乐心绪飞扬；激情在赛场燃烧，竞争和友谊相伴，欢乐与泪水"裹"入足球；挥洒汗水，灌溉梦想，足球精彩了生命，强健了体魄。奔跑吧！足球少年，踢出你的健康生活，活出别样精彩的人生！

第五章 灵动轮滑：在灵动中启迪智慧

轮滑让孩子们在飞驰中放飞梦想，让他们的激情通过小小的轮子释放。你看，他们有的像轻盈的燕子，动作敏捷地在人群中穿来穿去；有的像起舞的蝴蝶，身子忽上忽下地做着各种优美的动作！轮滑，唤醒脚尖的精灵，释放禁锢的身体，伴随动感的节奏，在灵动中启迪智慧。

第六章 香蓬篮球：在对抗中秀出风采

篮球是跳动的音符，在充满激情的篮球场上，谱出动听的乐曲。旋转进球的刹那牵动着孩子们的渴望和期待。"香蓬篮球"让学生像香樟树一样朝气蓬勃、充满活力。学生在篮球运动中体验到运动的乐趣，感受到成功带来的自信，在拼搏中享受着配合、信任、默契。

第七章　智慧乒乓：在跳跃中编织理想　　—— 119

智慧是无穷的，小小的乒乓球，蕴藏着巨大的智慧能量。我们用至善至美，给每一位儿童编织一条属于他们的阳光大道。每一位儿童都如小小的乒乓球一样，矫健的身体旋转着、跳跃着，奏出一曲奋力拼搏的华美乐章，舞出一段婀娜多姿的奇趣道路，演绎一出精彩绝伦的智慧人生。

第八章　阳光健身操：在阳光下茁壮成长　　—— 139

阳光是温暖的、多彩的、柔和的、充满向上生长力量的。阳光健身操让生命的活力充分涌流，让每一个生命都能够向着阳光茁壮、健康、快乐地成长，绽放出独特的生命光彩。我们坚信，孩子们的笑脸是最灿烂的阳光，让孩子们向着阳光茁壮成长是教育最美好的图景，让每一个孩子内心充满阳光是教育的神圣使命。

前言 让每一个孩子找到适合自己的运动

身体健康是落实立德树人根本任务的前提和基础。学校体育教育的目标是增进学生健康，使其掌握和应用基本的体育与健康知识和运动技能，提高运动的兴趣，养成锻炼的习惯。而运动习惯的养成，一方面在于健康知识的积累，另一方面在于运动技术的掌握。知识的积累使得人们知道运动的益处。运动技术的掌握使得运动的人在运动过程中感受到快感，激励着人们更积极主动地参与到运动中来。

如果一个人知道运动的价值，可是在运动中常常因缺乏运动技能，特别是一些对抗性运动（篮球、足球、乒乓球等），导致他总是倍受挫折而体验不到运动的快感。这样即便他参与运动也是在强迫自己运动，始终是一种被动参与，而没有真正地达到主动。可见，运动技能的缺失对运动习惯的养成会产生不利的影响，而运动技能的掌握是终身体育参与者们所必须具备的。因此，学校中的体育与健康课程不仅要培养学生的体育素养，使其了解到体育的文化、体育的作用，还要使其掌握一定程度的运动技能，使学生能够主动、积极地参与到体育活动中来。

"只要你喜欢或感兴趣，就一定能在蜀山区里找到适合的体育项目。"近年来，合肥市蜀山区积极破解教育难题，将全区中小学生的体育教育摆在重要位置，积极促进学生健康发展。这都得益于学校各类特色体育运动的开展，全区培育了一大批德智体均衡发展的人才，使"阳光体育"洒满校园。

新加坡花园城小学击剑队获奖无数。与竞技项目不同，击剑更加考验一个人的耐心与心态，在日复一日的训练中，小选手们凭借着内心的热爱及坚持，在各类击剑比赛中表现优异，获得几十枚省级击剑比赛冠亚军奖牌。

潜山路学校是安徽省田径传统学校。多年来，学校体育工作立足田径项目，广泛开展多种体育特色活动，跳远、实心球、短跑、趣味竞技等诸多项目颇受欢迎。学生们在阳光下挥洒汗水，在绿茵场上自信飞扬，校园人文风采尽显。

普普通通的跳绳成了孩子们的展示自我的方式，他们从害怕跳绳，迟迟不敢上场到对自己的表现不太满意时，还想再次挑战、突破。琥珀小学通过开展跳绳活动，让孩子们收获的不仅仅是会跳绳、跳好绳，更多的是勇于尝试、不懈坚持，体验运动中的兴奋、活泼、积极的情感和运动后畅快淋漓的愉悦。

绿怡小学的操场上，特色足球准时开课。在学习之余，热爱足球的孩子们在绿茵场上收获了成长的快乐。绿怡小学作为全国青少年校园足球活动布局学校、合肥市足球传统学校，近年来已然成为合肥市基层学校足球训练的一面鲜艳的旗帜。

脚穿轮滑鞋、手持曲棍的小学生们互相配合将球打入对方的球门。在合肥十里庙小学，轮滑课程已作为体育必修课加入一、二年级的课程中。针对每个孩子的不同特点，轮滑课程被细分为速滑、轮滑曲棍球、轮滑舞蹈，让每个孩子都能找到适合自己的运动。

香樟雅苑小学的篮球场上闪动着一幅幅灵动的画面：一声声激动的呐喊、一个个跃动的身影、一个个胜利的微笑、一次次沮丧的叹息……高高地跃起，快速地奔跑，漂亮地抢断，完美地过人，优美地投篮，勇敢地抢球，构成了一幅幅激动人心的画面。

长风破浪会有时，直挂云帆济沧海。作为新进的合肥市乒乓球特色学校，黄山路小学把拼搏的汗水挥洒赛场，用晶莹的泪水拥抱胜利的辉煌。学校已连续两年在区级、市级乒乓球比赛中获得优异的成绩。

金湖小学每年的"阳光健身操"赛事种类繁多，如广播操比赛、"金色阳光"特色课间操比赛、亲子啦啦操比赛、室内操舞创编大赛、健身操云赛事、创编啦啦操比赛、眼保健操比赛、球操比赛等。学校积极参加全国啦啦操比赛，以及省、市、区各大健身操舞比赛，成绩斐然，得到了学生、家长、社会的一致好评。

蜀山区大力发展校园体育，在普及传统体育运动的同时，各中小学的特色体育项目全面开花，目前已形成一批全国校园足球特色学校、全国校园篮球特色学校、全国学校体育工作示范校、省级体育传统项目学校等，培育了一大批德智体均衡发展的体育人才，学校开展体育运动项目的热情被激发。本书中我们能看到蜀山区教育体育局、体育教研室对体育特色项目课程建构的思考和实践、以及学校特色课程的一体化教学模式。我们将在不断地探索中稳步推动蜀山体育教育事业发展，让特色体育课程成为蜀山区品质课程建设中不可或缺的一部分。

第一章

宝剑锋从磨砺出，梅花香自苦寒来。一柄重剑，舞起了精彩人生；一份拼搏，彰显了亮剑精神；一种坚持，造就了剑意锋芒。孩子们在击剑中感悟勇气，感悟坚韧，感悟坦然与豁达，全力以赴追逐目标，尽心尽力享受过程——这是我们共同的教育追求！

精炼击剑：
在历练中追求卓越

　　合肥市新城小学是安徽省击剑传统体育项目特色学校。体育教研组现有教师 5 人，国家一级运动员 1 名，二级运动员 1 名，其中击剑专职教师 2 名（吴咸仓、张俊强），是一支专业、敢于创新的教师团队。多年来，学校结合自身特点，努力挖掘潜在优势，积极投身于创建击剑特色学校活动之中。学校从 2007 年组建击剑队至今，已历经击剑特色呈现、击剑理论形成、击剑文化提炼、学校文化彰显四个阶段。第一阶段主要是击剑运动特色的实践阶段，击剑从普通的兴趣运动项目逐渐发展成为学校的传统体育特色项目，实现了从"创建到特色"的跨越；第二阶段从"击剑文化"理论研究到提升击剑理论，击剑文化已显雏形，实现了从"实践到理论"的跨越；第三阶段将击剑理念和文化内涵相结合并日臻成熟，实现了从"理论到文化"的跨越。第四阶段是内涵式发展的一大跨越。学校始终秉承"铸剑树人"这一教学主张，以击剑文化的精神内涵引领学校走内涵式发展之路。学校推进击剑特色课程建设，取得了可喜的成绩。通过击剑课程学习，学生不仅锻炼了身体，还培养了机智、勇敢、有毅力等优秀品质。

第一节

感受击剑文化的力量

一、学科价值追求

《义务教育体育与健康课程标准（2011年版）》中明确指出：体育与健康课程是一门以身体练习为主要手段、以增进中小学生健康为主要目的的必修课程，是学校课程体系的重要组成部分，是实施素质教育和培养德智体美全面发展人才不可缺少的重要途径。[①]

作为一所学校，培养全体学生成为"四有"新人，是学校教育的出发点和归宿点，为此我们必须对体育训练与培养模式进行总结研究，用科学发展的眼光探索创新科学的训练方法和管理制度。击剑需要我们充分彰显其引领和育人功能，让学生在击剑文化的熏陶下，逐渐感受和领悟击剑文化所蕴含的丰富内涵。击剑是从古代剑术决斗中发展起来的一项体育项目，是一项对抗性极强的持械格斗项目，其动作结构十分复杂。它要求运动员具有高度集中的精神和身体的良好协调性，能体现出运动员敏捷的动作和反应。击剑运动专项素质的训练方法尤为重要。

基于课程标准的认识，我们认为体育与健康课程的核心是培养学生的运动参与、运动技能、身体健康、心理健康与社会适应四个方面。结合我校"精彩课程"特色教学，以及学校击剑体育特色，我们提出我校体育学科的核心理念为"精炼击剑"。

---

① 中华人民共和国教育部. 义务教育体育与健康课程标准（2011年版）［S］. 北京：北京师范大学出版社，2012：2

二、特色项目理念

　　立足儿童身心发展特点，依据"体育标准"，结合我校"精彩教育"的特色教学和体育学科的实际情况，以及学校的击剑传统和优势，我们开发了内容丰富、形式活泼，富有个性化，满足不同孩子需求的击剑课程，让每个孩子通过击剑强健自己的体魄，在练习击剑的过程中感受击剑的魅力。基于此，我们提出"精炼击剑"的体育学科课程理念，即日益精进，百炼成钢。我们认为：

　　"精炼击剑"是精致的课程。"精"有"完美、最好""精通""精华"之义，让儿童的体育学习更加精致。"精炼击剑"坚持以"精"为本，即击剑教学中教师要精通业务，提升教学能力；提炼出学校击剑的精华，塑造儿童自由而富有个性地发展；创造"完美、最好"的生命成长环境，铸造积极向上的体育之魂。

　　"精炼击剑"是磨炼的课程。"炼"有"纯净""坚韧""用心琢磨使精练"之义，让儿童的锻炼充满坚忍的毅力。我们希望通过击剑课程的建设与实施，焕发学生的积极心态，培养人格健全、拥有顽强意志、素质全面发展的精彩少年。

　　"精炼击剑"是内在的课程。在击剑教学中，教师不但要教给学生必要的运动知识、技能，还要注意培养学生良好的意志品质。在各种击剑活动中，教师还要加强学生祖国荣誉感的教育，加强学生集体荣誉感的教育以及在体育活动中培养其意志，以体育活动增强学生意志品质。

　　"精炼击剑"以提高学生的体质和健康水平，促进学生全面和谐发展为核心，培养学生坚忍的意志，从学生的身心健康实际出发，尊重学生与生俱来的内在精炼，顺应学生自然成长的天性，让孩子"日益精进，百炼成钢"。

第二节

通过击剑强健体魄

《义务教育体育与健康课程标准（2011年版）》指出："体育与健康课程对于实施素质教育，培养学生的爱国主义、集体主义精神，促进学生德、智、体、美全面发展具有重要的意义。通过体育课程的学习，学生将掌握一定的体育与健康基础知识、基本技能与方法，增强体能；能学会锻炼自己，发展身体能力和心理品质，体验运动的快乐和成功的感受，有助于形成健康的生活方式和积极进取、乐观开朗的人生态度。"[1]

一、特色项目目标

依据"体育课标"以及学校击剑课程具体情况，体育教研组提出"精炼击剑"，让孩子"日益精进，百炼成钢"的课程总目标。"精炼击剑"特色项目的总体目标如下： 学生能掌握基本的击剑知识，了解击剑的文化内涵；在学习的过程中培养学生机智敏捷的头脑、灵活协调的动作、优雅从容的气质、坚强果敢的胆识；培养学生在面对成功或逆境时自我控制的能力，能经受挫折的锻炼，以适应飞速发展的社会。

我们依据"体育课标"、体育与健康教材及相关教学用书、教学参考书，结合我校"精彩教育"和校本等要求，将"精炼击剑"年段课程目标整理如下（详见表1-1）。

---

① 中华人民共和国教育部. 义务教育体育与健康课程标准（2011年版）[S]. 北京：北京师范大学出版社，2012：6.

表1-1　合肥市新城小学"精炼击剑"特色项目年段目标设计

目标	领域目标	学生应达到的水平目标
水平一 （一二年级）	运动参与： 具有积极参与体育活动的态度和行为。 运动技能： 学习和应用运动技能。 身体健康： 1. 运动时拥有正确的身体姿势。 2. 发展体能。 3. 具有关注身体和健康的意识。 心理健康： 1. 学会通过体育活动等方法调控情绪。 2. 形成克服困难的坚强意志品质。 社会适应： 建立和谐的人际关系，具有良好的合作精神和体育道德。	1. 乐于参加各种击剑游戏活动。 2. 认真上好每节击剑课。 3. 在击剑游戏中做出单个动作以及基本体操的动作。 4. 做出击剑运动项目中的简单动作，说出处于正确和不正确击剑身体姿势时的感受。 5. 努力改正击剑训练中不正确的身体姿势。 6. 学习实际生活中的移动动作，随同集体完成各种击剑必要的操练。 7. 在击剑中进行各种挥动、转体的练习，从事发展柔韧性的各种动力性练习。 8. 知道身体各主要部位的名称，辨别左右、前后、上下的方位。 9. 体验并简单描述击剑运动中进步或成功时的心情或体验，并简单描述退步或失败时的心情。 10. 在陌生的场地进行击剑活动和游戏。与陌生的同伴一起参加击剑活动和游戏。 11. 比较并尝试说出与他人一起进行击剑活动和独自活动的区别。 12. 能按顺序轮流使用学校击剑运动场地或设备。 13. 不妨碍他人参加击剑运动，在击剑运动中表现出对他人的尊重和关心。
水平二 （三四年级）	运动参与： 具有积极参与体育活动的态度和行为。 运动技能： 1. 获得运动基础知识。 2. 学习和应用运动技能。 3. 安全地进行体育活动。 身体健康： 1. 形成正确的身体姿势。 2. 发展体能。 3. 具有关注身体和健康的意识。 心理健康： 1. 了解体育活动对心理健康的作用，认识身心发展的关系。 2. 正确理解体育活动与自尊、自信的关系。 3. 学会通过体育活动等方法调控情绪。 4. 形成克服困难的坚强意志品质。 社会适应： 建立和谐的人际关系，具有良好的合作精神和体育道德。	1. 向同伴或家人展示学会的简单击剑动作。 2. 说出所做身体各部位简单动作的术语，说出所做简单的击剑全身动作的术语。 3. 做出击剑运动中的简单组合动作。 4. 知道不按击剑规则运动和游戏会导致身体受到伤害。 5. 知道在安全的环境中做击剑运动和游戏。 6. 在日常学习和生活中初步具有正确的击剑身体姿势。 7. 通过多种游戏发展动作的灵敏性、跳跃能力、平衡和协调能力。 8. 体验参加不同击剑项目运动时的心理感受，如紧张、兴奋等，体验体育活动中身体疲劳时的心理感受。 9. 在击剑体育活动中努力展示自我，对击剑体育活动表现出较高的热情。 10. 体验并说出个人在参加击剑团队游戏时的感受，知道在击剑集体性活动中如何与他人合作完成活动任务。

目标	领域目标	学生应达到的水平目标
水平三 （五六年级）	运动参与： 具有积极参与体育活动的态度和行为。 运动技能： 1. 获得运动基础知识。 2. 学习和应用运动技能。 3. 安全地进行体育活动。 身体健康： 1. 形成正确的身体姿势。 2. 发展体能。 3. 有关注身体和健康的意识。 4. 懂得营养、环境和不良行为对身体健康的影响。 心理健康： 1. 了解体育活动对心理健康的作用，认识身心发展的关系。 2. 正确理解体育活动与自尊、自信的关系。 3. 学会通过体育活动等方法调控情绪。 4. 形成克服困难的坚强意志品质。 社会适应： 1. 建立和谐的人际关系，具有良好的合作精神和体育道德。 2. 学会获取现代社会中体育与健康知识的方法。	1. 主动观察和评价同伴的击剑运动动作，示范所学的击剑运动动作。 2. 知道击剑比赛中运动技术术语。 3. 学会观看现场击剑体育比赛和表演，学会观看电视中击剑比赛和表演。 4. 熟练掌握击剑运动中的多种动作技能。 5. 初步掌握两三套击剑操或轻器械体操。 6. 了解安全的击剑运动方法，如穿着合适的击剑服装运动、运动时用正确的姿势着地、摔倒时的自我保护方法等。 7. 在日常学习和生活中保持正确的身体姿势，正确应对击剑运动中遇到的粗暴行为和危险。 8. 练习各种击剑平衡动作，进行各种有节奏的击剑练习。 9. 知道进行击剑活动时必须注意的营养卫生常识，体验身体健康变化时注意力、记忆力、情绪、意志等的不同表现。 10. 了解不良情绪对击剑活动的影响，了解体育活动对产生良好情绪的作用。 11. 在教师指导下敢于做未曾完成的击剑动作、做有一定难度的动作等。 12. 击剑活动中尊重与关爱运动能力弱的同伴。 13. 积极参加学校以外的击剑训练及比赛。

第三节

丰富击剑特色课程

聚焦"精炼击剑"的体育学科目标和学科素养，学校开发了丰富的击剑拓展课程，与国家课程形成相互促进、相互影响的整体，从而使每位学生都能在击剑体育学练中得到全面而个性的发展。

基于"精炼击剑"的课程理念，根据课程任务，主要分为基础性课程、拓展性课程。基础性课程旨在培养学生终身发展和适应未来社会所需的共同基础；拓展型课程主要满足学生的个性化学习需求，培养学生的兴趣爱好，开发学生的潜能，促进学校击剑办学特色的形成。

一、学科课程结构

依据《义务教育体育与健康课程标准（2011 年版）》设置的四个方面的课程内容（运动参与、运动技能、身体健康、心理健康与社会适应）及具体要求，基于我校"精炼击剑"的体育学科理念及学科的课程目标体系，我们开发了"精炼提能、精炼育健、精炼品质、精炼促乐"四大类课程，具体内容如下（详见图 1-1）。

具体表述如下：

1. "精炼提能"：旨在让学生学习击剑知识，学会学习和锻炼，掌握击剑技能和方法，增强安全意识和防范能力。击剑课程内容的选择兼顾基本身体活动、体操类运动和专项运动，这样能够发挥教师的专长，丰富课程内容，扩大学生的认知范围和选择空间。

2. "精炼育健"：旨在让学生学习基本的保健知识和方法，塑造良好的

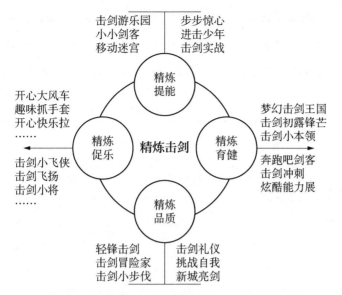

图 1-1　合肥市新城小学"精炼击剑"课程结构图

身体形态，全面发展体能，提高灵敏性、力量、速度和心肺耐力等素质。课程内容的选择满足横向互补和纵向递进的需求，具有综合性的特点。

3. "精炼品质"：旨在培养学生坚强的意志品质，使其学会情绪调控，形成合作意识和能力，具有良好的体育道德。在击剑学习中，培养学生机智敏捷的头脑、灵活协作的动作、优雅从容的气质、坚强果敢的胆识。培养学生面对成功或逆境时自我控制的能力，经受挫折的考验，以适应飞速发展的社会。

4. "精炼促乐"：击剑活动，学生能普遍接受并乐于参与，从而有效激发学生参与体育活动的兴趣。击剑在我校蓬勃发展，成为深受学生喜爱的热门运动，很多学生学习击剑不仅仅是为了强身健体，更能体验剑花飞舞间的高雅享受。我们希望能让更多学生感受击剑带给他们的乐趣和与众不同的成长体验。

需要说明的是，以上四类课程虽然是基于国家课程标准的四个方面开发的，但从体育的本质来分析，不同课程之间存在着实质的联系，击剑课程设置成这四类并不是相互独立的，而是紧密相连、密不可分的。

二、学科课程设置

我们遵循体育教育教学和学生成长规律，基于体育与健康教学的四个方面和学校击剑体育学科课程实际，逐步完善"精炼击剑"课程设置，进一步满足学生个性化的学习需求，开发和培育学生的潜能与特长，使学生在精炼学习中展现生命成长的精彩，课程设置表如下（详见表1-2）。

表1-2　合肥市新城小学"精炼击剑"课程设置表

学期 年级	类别 课程	精炼提能	精炼育健	精炼品质	精炼促乐
一年级	上学期	小小剑客1	梦幻击剑王国1	轻锋击剑1	开心大风车
	下学期	小小剑客2	梦幻击剑王国2	轻锋击剑2	趣味抓手套
二年级	上学期	击剑游乐园1	击剑初露锋芒1	击剑冒险家1	击剑小乐园
	下学期	击剑游乐园2	击剑初露锋芒2	击剑冒险家2	趣味蹦蹦蹦
三年级	上学期	移动迷宫1	击剑小本领1	击剑小步伐1	开心快乐拉
	下学期	移动迷宫2	击剑小本领2	击剑小步伐2	趣味急速冲刺
四年级	上学期	步步惊心1	奔跑吧剑客1	击剑礼仪1	击剑小飞侠
	下学期	步步惊心2	奔跑吧剑客2	击剑礼仪2	趣味荷叶跳
五年级	上学期	进击少年1	击剑冲刺1	挑战自我1	击剑飞扬
	下学期	进击少年2	击剑冲刺2	挑战自我2	趣味炸堡垒
六年级	上学期	击剑实战1	炫酷能力展1	新城亮剑1	击剑小将
	下学期	击剑实战2	炫酷能力展2	新城亮剑2	趣味俱乐部

第四节

让击剑成为一种力量

  我校"精炼击剑"特色课程从创设"精炼课堂"、推进"精炼课间"、打造"精炼社团"等方面进行实施，旨在通过击剑课程学习，发展学生的基本运动能力和必备的运动技能，加深学生对击剑的了解，拓展学生对发展体能和提高身体素质的知识储备，使学生掌握多种基本的击剑练习方法，改善身体形态和身体姿势，促进体能发展，培养拼搏精神。我们通过"精炼课间"确保学生每天锻炼一小时，既可强化学生的体育技能，也可作为其运动能力和水平展示的平台；"精炼社团"能更进一步满足学生个性化的学习需求，开发和培育学生的潜能与特长；课程结合"精炼赛事""精炼毅行"等多途径实施，并以"学练赛"保障学习成效。

一、落实"精炼课堂"，聚焦学生成长

  击剑是艺术与技术的完美体现。当今世界最受欢迎的十大时尚休闲活动中击剑位居第三，足见它的魅力所在。小学体育是培养人类终身体育的基础，除国家规定的体育课程外，体育校本课程也是增进学生身心健康的重要途径。击剑课堂学生能普遍接受并乐于参与，从而有效激发学生主动参与击剑活动的兴趣。学生参加"击剑课堂"，对培养他们优雅的风度、灵活敏捷的动作、战胜逆境的信心、拼搏向上的信念等方面都有较好的作用。基于以上认识，我校开展了击剑"精炼课堂"。

（一）"精炼课堂"的内涵与操作

  按照学校课堂教学的"三精标准"，即"精备、精上、精评"，引领击剑

教师"功在课前、活在课中、思在课后"，要求学生"学在课堂、练在课间、用在生活"。体育学科责任领导从课程纲要、教学计划、活动设计的撰写到听课、参与教研等，对击剑教师跟进指导，进行适度调控，确保击剑教育教学质量稳步提升。

1. 贯彻学科理念："精炼课堂"应以让学生培养击剑兴趣、养成锻炼习惯、掌握击剑技能、提高个人品质为主线，体现击剑课程的育人价值，即发展学生良好的心理品质，提高合作与交往的能力，提高自觉维护健康的意识，基本形成健康的生活方式和积极进取、乐观开朗的人生态度。

2. 优化课程设计：根据学生全面发展的需求确定课程目标体系和课程内容，根据学生的身心发展规律划分学习水平，根据可评价原则设置可操作和可观测的学习目标，根据课程学习目标和发展性要求建立多元的学习评价体系。

3. 丰富课程内容：课程内容是教育的载体，课程内容要满足学生多元发展需求的可能性。多元的击剑课程内容能够满足学生的学习兴趣，充实学生的学习生活，丰富学生的学习体验，是"精炼课堂"建设的基础。

4. 高品质的学科教学：规范的教学是保证学科质量的基础，教学方法的选择应促进学生全面发展，应针对不同水平学生身心发育的特点，创设民主、和谐的教学情境，应在击剑技能教学的同时发展学生的体能，重视学生之间的个体差异，因材施教。

5. 有意识地进行学科学习及学法的指导：将重点放在培养学生良好的学习习惯上，注重对学生进行学习方法、学习能力的指导和训练，注意教法和学法相结合，课内与课外击剑教学相结合。

6. 高效的学科教研和学科团队建设：以主管领导为负责人，落实有效的学科教研，使教学资源有效整合，从而推进击剑课程的有效实施。学科团队进行有效教研，有利于推动学校教学内容和方法的改进，有利于教学经验的交流，有利于增进学校各方面工作的协作，从而提高课堂品质。

（二）"精炼课堂"的评价要求

我们对"精炼课堂"的评价从目标、内容、过程、方法、能力、效果、特色七个方面进行，评价表如下（详见表1-3）。

表 1-3 合肥市新城小学 "精炼课堂" 评价表

课题		评课人（号）		总得分	
项目	评课内容			权重	分值
教学目标 （10分）	符合《课标》、"精炼课堂"要求和击剑特点，符合学生实际。				
	体现体育健康知识、基本技术、技能的传授，促进身心健康发展，注重思想品德、体育能力、方法及情感的培养。				
教学内容 （15分）	符合《课标》、"精炼课堂"要求，选择击剑内容要科学。				
	符合学生生理、心理、身体健康状况和体育水平实际，能对击剑项目进行教材化处理。				
	重点准确，难点突出。				
教学过程 （12分）	组织教学有序，严而不死，活而不乱。				
	教学步骤清晰，组织教学严谨，教、学、练有机结合，根据身体需要合理设计运动负荷（强度、密度）。				
	注重体育健康知识、锻炼方法的渗透和心理素质的培养。				
教学方法 （20分）	既面向全体，又注意个体差异，因材施教。				
	根据教学内容需要，科学选择教学方式。				
	对学生学习及时给予恰当的评价和反馈。				
	指导学生学习方法的选择和运用，通过观察、讨论、比较、自我评价等方法，培养学生体育学习能力。				
	采用击剑游戏和比赛的方法，培养学生良好的心理品质和社会适应能力。				
教学能力 （18分）	击剑基本技能扎实，口令清晰，示范正确优美，保护帮助得力。				
	教态自然，具有创设和谐教学氛围和教学情景的能力，能驾驭教学全过程，处理偶发事件，及时进行思想品德教育的能力。				
	重视师生间的交流互动，保持学生学习的积极性等。				
教学效果 （20分）	能完成教学目标，学生能掌握知识、技术、技能，并受到思想、方法、心理素质方面的教育。				
	学生能主动参与教学活动，师生关系融洽，实效性强。				
	学生体育兴趣盎然，情绪高涨，能细心观察模仿，刻苦锻炼，与教师同学主动交流等。				
教学特色 （5分）	体现先进教育思想。模式新颖有创意，在发挥学生的主体性、培养创新精神和实践能力方面有突出表现。				
	对击剑教学进行特色加工，有创新，具有"精炼课堂"特色。				

二、推进"精炼课间"，彰显击剑魅力

"精炼课间"既是学生掌握、强化击剑技能的主阵地，也是体育教学和课外体育活动开展情况的展示平台，更是学校课程设置的重要组成部分。

（一）"精炼课间"的实施方案

依据我校"精炼击剑"课程群建设方案，结合学校师资、学生、场地、传统特色等因素，我们将击剑基础体能、击剑技能项目和击剑特色体能相结合，把每天上午的大课间列入学校总课程表，科学设计大课间的内容，将击剑运动的 20 分钟时间融入大课间里。保障学生每天有一小时的校园体育活动时间，并相应地增加击剑练习时间，促进学生有效掌握多项体育运动技能，形成终身体育健身的良好习惯。

（二）"精炼课间"的评价要求

"精炼课间"主要是在大课间带领学生进行击剑类的活动，在实施过程中，要求注重过程、追求质量，确保运动量和运动强度，注重运动技能和运动意识，追求切实的击剑运动效果。"精炼课间"评价表如下（详见表 1-4）。

表 1-4　合肥市新城小学"精炼课间"评价表

项目	评分标准	分值	得分
击剑韵律操 （50分）	1. 精神饱满，呼号整齐，铿锵有力，富有朝气。	10	
	2. 击剑动作规范，准确到位，协调连贯。	10	
	3. 队形整齐，动作一致，整体效果好。	15	
	4. 节奏准确，与音乐合拍，讲求韵律。	15	
自选击剑活动 （40分）	1. 各年级击剑活动编排科学，布局合理，富有创新性，凸显学校特色。	10	
	2. 击剑活动内容生动有趣，学生乐于参与，人人活动。	5	
	3. 击剑活动内容适合，运动适量，锻炼有效。	5	
	4. 击剑活动安全性高、组织有序。	5	
	5. 学生精神饱满，动作放松舒展，整齐优美。	5	
	6. 动作规范，准确到位，协调连贯。	5	
	7. 队形整齐，动作一致，整体效果好。	5	
课间教师表现 （10分）	1. 击剑指导教师关注学生活动安全，能纠正学生的错误动作及行为，与学生关系融洽。	5	
	2. 各班教师全程参与学校击剑特色活动。	5	
总体印象	评委签名：	100	

三、打造"精炼社团"，发展击剑特色

击剑社团是击剑课堂的延伸，它能更进一步满足学生的个性化学习需求，开发和培育学生的潜能与特长。击剑社团发扬"搏击"精神，以学校击剑文化建设为抓手，以德育活动为载体，通过创新击剑社团活动，构建具有特色的击剑课程体系，促进学校击剑课程内涵发展。

（一）"精炼社团"的内涵与操作

"精炼社团"是以"提升学生的主体性和注重学生的学习经验，促进学生全面、和谐、有个性地发展"为理念，以发展学生的体育学科核心素养为目标进行推进的。目前，我们开设了趣味击剑、小小剑客、轻锋击剑、花样击剑、击剑飞扬、新城亮剑6个击剑社团，紧跟"精炼体育"课程的理念不断丰富、不断完善。我们将"精炼社团"纳入"精炼体育"特色课程群体系，每周三和周五下午进行全校性走班制上课，为学生提供6门击剑特色课程；周三和周五的下午2：15—3：15是6个击剑社团的活动时间，学校结合各位体育教师的专长，明确责任，合理分工，确保各社团的课程顺利进行。同时，各击剑社团的活动与各级各类的体育竞赛有效结合，从而更好地激发学生参与活动的兴趣。

（二）"精炼社团"的评价要求

击剑社团活动激发了学生学习击剑的兴趣，陶冶了情趣，磨炼了意志，增进了同学间的友谊。击剑社团评价方式多样，有记录社团活动过程中学生各方面的表现，有学生对社团的问卷调查，有学生对社团活动的期望，这些都便于教师把握击剑社团后期的发展方向。

"精炼社团"评价要求如下：第一，击剑社团管理体制完善，机构设置合理，创立符合学生年龄特点的击剑社团，健全并严格执行击剑社团的各项规章制度；社团成员人数适合，规模适度，成员的档案资料齐全；击剑指导教师认真负责；击剑社团要突出学生的主体性和创造性，使学生在击剑社团活动中自治自理，健康发展；社团活动空间固定，环境良好，有相应的文化建设。第二，定期开展击剑社团活动，组织有序、记录完善；社团活动内容丰富，形式多样，体现实践性和综合性，有利于培养和锻炼学生多方面的素质，展现校园击剑文化精神；击剑社团活动成果显著，取得良好的教育效果，在学生中有一定的影响。第三，校级评价得分在90分以上的击剑社团，

可申请参加新城星级社团评选。具体"精炼社团"的评价标准如下（详见表1-5）。

表1-5　合肥市新城小学"精炼社团"评价表

评价项目	评价标准	分值	得分
过程评价 （60分）	制定可行的击剑管理制度及详细活动计划	10	
	击剑活动主题、内容、形式有创新	8	
	活动组织井然有序，学习氛围浓厚	8	
	击剑社团名册及活动过程记录翔实	8	
	击剑活动照片及学生作品保存完整	8	
	击剑教师的指导张弛有度，有针对性	8	
	每次活动结束后都有相应的总结、反馈、评价	10	
成果展示 （40分）	击剑展示形式丰富新颖	10	
	内容符合击剑社团特点、全面完整	10	
	活动小组分工合作有序	10	
	富有借鉴价值的经验与反思	10	
总体印象	评委签名：	100	

四、开展"精炼赛事"，挖掘击剑能手

击剑比赛是促进学习的一股力量，想推动一项活动，最好的方法就是组织比赛。学生参加击剑比赛对他们来说，是一个很好的锻炼机会。比赛有输赢，学生知道了努力的结果；比赛有团队，学生懂得了友谊和付出；比赛有困难，学生收获了解决问题的勇气；比赛有情绪，学生释放了最真实的自己；比赛有运气，学生能了解生活的真相。击剑比赛有利于学生根据自己的水平做出适当的调整，有利于培养学生脚踏实地、身体力行的优秀品质。

（一）"精炼赛事"的内涵与操作

我校将各类击剑赛事纳入"精炼体育"课程群，统筹兼顾、互相补充。每年学校会举行常规的校级"两大赛事"（秋季田径运动会、全员击剑运动会）以及击剑韵律操、单项击剑比赛等，同时学生会代表学校参加校外不同等级的击剑比赛。具体击剑赛事安排如下（详见表1-6）。

表1-6 合肥市新城小学"精炼赛事"安排表

赛事名称	参与对象	时间	奖项设置
秋季田径运动会（击剑项目）	班级推荐学生参加	10月	年级前八名
全员击剑运动会	全体学生	11月	班级积分评选
击剑韵律操	各班级为代表	4月	各年级评选一二三等奖
单项击剑比赛	班级推荐学生参加	5月	年级前八名

（二）"精炼赛事"的评价要求

每次击剑赛事活动前，都需要成立击剑专项委员会，制定活动方案，印制详细计划书，指定各项负责人，进行责任到人的筹备。为保证赛事顺利圆满完成，不同击剑赛事设置相应的评价方案，"精炼赛事"具体详情如下（详见表1-7）。

表1-7 合肥市新城小学"精炼赛事"评价表

评价项目	评价标准	分值	得分
赛事方案	1. 思想内容紧扣主题，观点鲜明正确，内容充实，体现体育学科特点，学生参与面广，击剑比赛方案清晰可行。 2. 击剑比赛规则严格，评分制度公平公正。	20	
赛事准备	击剑赛前准备充分，分工细致，最大限度地体现赛事的影响力。	20	
赛事内容	1. 有完整的击剑比赛内容。 2. 击剑比赛形式新颖，能很好地调动击剑选手的积极性。 3. 击剑比赛过程连贯、紧凑合理。 4. 击剑活动形式有所创新。 5. 学生从击剑比赛中受益程度大。 6. 击剑比赛评分标准合理，体现公平公正原则。	40	
赛事效果	1. 击剑比赛效果良好，学生参与度高、受益程度大。 2. 击剑比赛内容梯度分明，关注面广，体现以生为本。	20	
总体印象	评委签名：	100	

五、开启"精炼毅行"，驱动深度学习

精炼毅行意在激发学生对击剑的兴趣，激励学生运动。课程内容选择以趣味性、创意性为主，兼顾适度的健身性，使学生能获得成功的体验，并能获得良好的积极性休息的效果。

精炼毅行既是贯彻学校精彩教育的一项重大活动，也是展示学生精神风貌和健康体魄的一次重要契机。我校一直以来把孩子的安全和身心健康发展放在首位。徒步毅行是促进孩子身心和谐发展的重要方式之一，我们运用丰富的体育教育模式来提高孩子们的身体素质和耐力。近年来，户外运动得到了极大的发展。徒步作为一种最为常见和被普遍推广的户外运动项目，得到了广大人群的青睐，是风靡全世界的大众有氧锻炼项目，环保、时尚、健康。我们开展这样的活动，就是要向大家倡导科学健身的理念，使更多的人参与进来，走起来，乐起来，强健起来。

（一）"精炼毅行"的实施与操作

1. 确定毅行主题。全校师生的毅行，声势浩大，每次都有毅行的主题，如：环保、踏青、祭扫等。老师们身体力行，带头参加毅行活动，激发学生积极参加健身的热情，从而推动毅行活动的蓬勃发展，使孩子们和家长拥有健康的体魄和崭新的精神面貌。我们在毅行的过程中，寻觅生活的真谛，感受自然的美好，探索文化的奥秘，缔结真挚的友谊。我们迈开双脚，携手共进，走出健康，走出美好！

2. 做好各种准备：（1）"毅行前"要查阅、搜集资料，了解沿途环境，了解相关主题活动等；要参与毅行活动安排或交流活动项目的筹备，并做好记录。（2）"毅行中"要做好参与、观看、拍照、反思、记录等工作。（3）"毅行后"要写下自己的独特感受，以日记、手抄报、微电影等方式做汇报，与家长、同伴一起分享，把所见、所闻、所历、所思化成实实在在的收获。（4）无论何种形式的"毅行学习"，最终要形成文本资料并留存，作为课程考核的依据。

3. 进行各项教育：（1）对学生进行"精炼毅行"的各项教育，特别是毅行安全：一切行动听从老师指挥，按照高年级在前，低年级在后的顺序紧跟队伍，不掉队，在队伍中行走不喧哗，不拥挤，不吃东西。（2）文明教育：来回路途中要注意交通文明，不乱跑乱追，不带不乘交通工具。在毅行过程中要注意卫生文明，不乱丢废弃物，离开休息地，要打扫卫生，回收垃圾。在毅行过程中要注意行为文明，不追跑打闹、不损坏公共财物，在游玩过程中做到文明、安全。

4. 培养学生毅力。每一次户外毅行，教师根据实际情况灵活运用各种组织方式，引导学生根据兴趣、能力、特长、活动需要等因素进行分工，做到人尽其责，合理高效。既让学生有独立思考的时间和空间，又充分发挥合作学习的优势，重视培养学生的自主参与意识与合作沟通能力。鼓励学生利用信息技术手段突破时空界限，进行广泛的交流与密切合作。我们一路坚持，不断挑战自己，即使辛苦也绝不放弃，用毅力走完了长达 5 公里的徒步之旅，带着满满的收获回到了学校。

（二）"精炼毅行"的评价要求

为保证"精炼毅行"的效果，我们参照"我知道、我参与、我感悟"的板块设计，重视学生的态度与参与度，重视学生的情感体验与经验积累，培养学生的能力，对"毅行学习"效果的评价也将从这三个方面展开，评价表如下（详见表1-8）。

表1-8 合肥市新城小学"精炼毅行"评价表

评价项目	评价要点	评价标准	分值	得分
目的内容 （30分）	目标明确	培养意志品质和合作精神。	10	
	内容实用	贴近生活，丰富学生的直接经验和间接经验。	10	
	内容综合	引入多种信息，运用体育活动进行独特体验。	10	
方式方法 （10分）	组织形式	走出校园实践感悟，具体组织形式得当。	5	
	内容方法	方法得当，多法结合。	5	
活动过程 （40分）	活动要素	具备基本出行要素，有机组合家校配合要素。	10	
	活动步骤	活动前精心准备。 活动开展、研究、实践有序。 活动后评价总结。	30	
活动效果 （20分）	学生自主性	学生在教师指导下自主思考、设计操作和解决问题。	10	
	学生创造性	思路设计新颖，方式方法多样，有一定的活动成果。	10	
总体印象	评委签名：		100	

"精炼击剑"特色项目课程开发的主体是教师，因此，首先应该着力于教师的校本培训。通过培训，让所有的老师都明确课程理念和操作要领，鼓励老师们积极参与和大胆实践，从而在实践中逐步逼近课程核心，增强课程开发能力，保证课程开发与实施的顺利进行。通过不同主题的校本研修，全体教师产生对"精彩教育"办学理念、课程目标、育人理念等的文化认同。

"精炼击剑"课程开发与实施和学校的整体发展紧密相连，在课程开发过程中，最重要的是将课程的理念落实到实践之中。为此，我们将争取上级教科研部门更多的支持，使得课程开发和实施规范、科学，落实到位。

（撰稿人：张宏　吴咸仓）

第二章

田径是多彩的。用丰富多彩的田径项目，让学生掌握技能，健康快乐地成长；用各具特色的田径社团，让学生发挥特长，展示自我；用灵活多变的教学方法，让学生学会学习，培养终身体育意识；让多彩的运动环境，培养学生的坚韧品质，成就多彩童年。

炫彩田径：在奔跑中张扬个性

　　合肥市潜山路学校位于合肥市贵池中路安居苑西村，西邻合肥市五十中西区，南邻中国国防科技大学电子对抗学院，浸润在蜀山区优质教育文化的核心区域。潜山路学校创建于1981年3月，前身是解放军电子工程学院附属学校，后划归合肥市西市区教委（今蜀山区教育体育局）， 2003年合并合肥市动力总厂子弟小学、合肥市光明小学，并迁址至原安居苑小区配套中学校址，为独立法人单位。 2013年创办丽景校区，形成贵池路和丽景两个校区，共40个教学班。在校学生1980人，教师108人。校园环境优美整洁，校园文化氛围浓郁，教育设施设备齐全，办学特色显著。

　　合肥市潜山路学校体育组现有教师10人，一级教师4人，市体育骨干教师1名，蜀山区体育骨干教师1名，田径专业老师1名。近年来，学校先后被评为安徽省田径传统项目学校和国际田联少儿趣味田径项目试验学校。合肥市潜山路学校体育教研组以"多彩田径，成就多彩的童年"为课程理念，开展教研教学活动，积极参加各级各类的教育教学评比，使老师们个人得到进步，专业得到发展。我们依据教育部《义务教育体育与健康课程标准（2011年版）》文件精神，结合我校实际，推进"炫彩田径"特色课程建设，取得了可喜的成效。

第一节

为儿童提供多彩的学习

我校的体育课程建设在长期的实践中摸索着前进的方向。在多年的体育活动开展中我们发现，由于没有统一的课程理念指导，导致体育教学内容单一，教学体系不够完善等诸多问题。加上近年来各部门不断重视体育事业的开展，体育加入升学考核项目，以及目前对学生身体综合素质要求不断提高，对体育课程提出了新的要求，而田径项目练习对学生身体素质的全面发展有显著的作用。我们决定以田径作为切入点，根据对《义务教育体育与健康课程标准（2011 年版）》的共同探索，学习研究，提出了"多彩田径"的课程理念，为学校的体育工作开展指明了方向。

一、学科性质观

《义务教育体育与健康课程标准（2011 年版）》指出体育与健康课程是学校课程的重要组成部分。本课程是以身体练习为主要手段，以学习体育与健康知识、技能和方法为主要内容，以增进学生健康，培养学生终身体育意识和能力为主要目标的课程。①

根据对课程标准的探讨与研究，我们认为，体育与健康课程在小学阶段应注重培养学生对体育的兴趣，从而为增进学生健康，培养终身体育意识打下基础。体育健康课程本身就具有基础性、实践性、健身性、综合性这四大

---

① 中华人民共和国教育部. 义务教育体育与健康课程标准（2011 年版）［S］. 北京：北京师范大学出版社，2012：2

特性，因此我们应给学生提供丰富多彩的平台及项目，让学生在积极主动的实践过程中掌握技能，锻炼身体，同时在体育教学中渗透德育，让孩子们在体育课堂中获得乐趣，积极主动地参与其中，促进身心的全面发展。

二、田径项目课程理念

苏霍姆林斯基说过："不能把小孩的精神世界变成单纯学习知识。如果我们力求使儿童的全部精神力量都专注到功课上去，他的生活就会变得不堪忍受。他不仅应该是一个学生，而且首先应该是一个有多方面兴趣、要求和愿望的人。"体育教育不仅仅是单纯的知识及行为的灌输，我们应针对学生们的年龄、能力、性格特点等提供更全面、更丰富多彩的内容以及采取不同的教学手段。

坚持"健康第一"的指导思想，我们在激发学生运动兴趣、培养运动习惯、以学生发展为中心、关注个体差异的基本理念的基础上，结合学校的自身特色和实际情况提出以"多彩田径"为核心的体育与健康学科课程，以充分贯彻"多彩田径，成就多彩的童年"的田径项目课程理念。

"多彩田径"是体育活动形式的丰富多彩。学校通过开展形式多样的体育活动、赛事，让全体学生参与丰富的田径项目。例如周二至周五每周安排不同项目内容的大课间、体育课、体育达标运动会、每月不同项目的体育节等，让学生在丰富多彩的田径项目中达到个人所需的运动量，掌握各种基础的田径运动技能，增进身体健康。

"多彩田径"是个性发展的丰富多彩。由于每个学生自身个性、特长、兴趣、年龄段的不同，学校在组织每个人都要参与的集体项目的同时，让孩子们能够自己选择想要加入的田径项目课程及活动，如各类特色田径社团、校内体育赛事、趣味运动会、田径运动会、运动训练队等。针对不同学生的个性特点，充分发掘每个学生身上的闪光点，让学生在田径项目练习中建立自信，找到认同感。

"多彩田径"是学习方法的丰富多彩。该课程要求老师在田径教学的过程中应该注重体现以学生发展为中心。在田径教学的过程中利用不同的方法充分发挥教师的主导作用，体现学生在学习过程中的主体地位，开展各类型的小组合作模式，自主研究学习，甚至是采用"师生角色互换""学生中的小老师"等各种形式的学习方法，让孩子们在学习田径知识的同时也学习如何自主地锻炼。

综上所述，"多彩田径"的课程理念就是为孩子们提供多彩的学习环境，打造孩子们多彩的童年。以多彩的形式，发展多彩的田径运动技能及兴趣爱好；以多彩的田径项目，展现孩子们多彩的个性；以多彩的环境，培养孩子们多彩的道德品质；让老师和学生在轻松快乐有趣味的学习过程中共同成长。

第二节

生活在多彩的田径运动中

《义务教育体育与健康课程标准（2011 年版）》指出："通过课程的学习，学生将掌握体育健康的知识、基本技能与方法，增强体能，发展实践创新能力，养成良好的体育锻炼习惯，培养学生的爱国主义、集体主义精神，促进学生德、智、体、美全面发展，形成健康的生活方式和积极进取、乐观开朗的人生态度。"①

一、田径项目课程总体目标

基于对课程标准的理解与认知，我们认为体育与健康课程的核心体现在运动参与、运动技能、身体健康和心理健康与社会适应四个方面。依据《义务教育体育与健康课程标准（2011 年版）》，结合学校实际情况，我们从运动参与目标、运动技能目标、身体健康目标、心理健康与社会适应目标四个方面，制定出"多彩田径"课程总目标如下（详见表 2-1）。

表 2-1 合肥市潜山路学校"多彩田径"课程总目标

领域目标	田径项目课程目标
多彩参与目标	通过"多彩田径"课程中丰富多彩的田径内容和形式多样的方法，注重引导学生体验田径运动的兴趣，激发、培养学生终生积极参与田径运动的态度和行为，自觉参与学习。

---

① 中华人民共和国教育部. 义务教育体育与健康课程标准（2011 年版）［S］. 北京：北京师范大学出版社，2012：6

领域目标	田径项目课程目标
多彩技能目标	孩子们在练习中学会基本的田径运动能力和运动中自我保护的能力。
多彩健康目标	通过"多彩田径"课程的学习，引导学生积极学习和锻炼，使学生能掌握田径运动的基本知识和方法，塑造良好的身体形态和身体机能，发展体能和健身能力，形成关注自身健康的意识和行为。
多彩品质目标	培养孩子们的自信心、顽强的意志品质，在田径运动中学会调控情感，学会与人相处的方式，提高合作意识与能力，培养顽强拼搏的体育精神，强化健康良好行为的养成。

二、田径项目课程年级目标

依据《义务教育体育与健康课程标准（2011 年版）》和学校"多彩田径"的学科课程理念，我们将田径项目课程总目标细化为各水平阶段具体目标，内容如下（详见表 2-2）。

表 2-2　合肥市潜山路学校"多彩田径"课程年级目标表

目标分类 学段	多彩课堂	多彩时刻	多彩社团	多彩赛事	多彩生活
水平一	能上好体育课，积极参加体育锻炼，主动完成学习任务，增强学生体质。	让孩子们能够愉悦地活动起来，积极主动地参与到体育活动中来。	培养学生运动锻炼的兴趣，发展个性，积极参与课余的其他体育活动。	在体育活动中，体验情绪产生的积极影响，增强规则意识，从合作中找到乐趣。	知晓体育锻炼的益处，学会一些基础的个人卫生知识与安全运动的方法。
水平二	在课堂学习中提高孩子们灵敏、协调、平衡、速度等身体素质。知晓体育动作的名称。	培养孩子们终身体育的意识和习惯，提高孩子们的运动积极性，学会放松身心。	充分发挥孩子们的运动能力，形成相互合作的意识。	在活动赛事中表现出展示自我的热情，提高运动能力，培养团队合作意识。	学会通过运动调节自己的不良情绪，让自己更好地适应社会环境。
水平三	掌握科学的体育锻炼方法，培养自主学习的能力以及科学的放松方法。学会一些指定的运动技能。	全面发展孩子们的身体素质，接触多种多样的体育活动，为以后长期的体育活动打下基础。	培养学生自我管理的能力，提高运动创新意识，发展创造能力，培养运动情商。	增强学生集体荣誉感和社会责任感，学会尊重对手、尊重比赛、尊重裁判，能正确对待比赛中的各种意外和结果。	提高环境的适应力，掌握多种意外伤害的紧急处理方法，培养良好的体育道德。

第三节

多彩课程成就个性儿童

　　"多彩田径"课程是学校根据体育与健康课程标准的要求，结合学校实际情况，对本校的体育教学资源、方式方法等进行整合、开发的校本课程。"多彩田径"课程是对国家课程的补充，其能避免国家课程过于统一、宽泛以及系统化，使学校的整个田径教学成为一个灵活的系统，既有国家课程作为骨架支撑，又有具有学校特色的田径课程来进行填充，真正做到以人为本，将学生的发展放在首位。

一、田径项目课程结构

　　《义务教育体育与健康课程标准（2011版）》将体育学科的学习内容划分为运动参与、运动技能、身体健康、心理健康和社会适应五个学习领域，据此学校"多彩田径"课程包含了"多彩课堂""多彩时刻""多彩社团""多彩赛事""多彩生活"等内容，具体结构如下（详见图2-1）。

　　1."多彩课堂"：依据不同学段学生身体和心理特点选择不同的

图2-1　合肥市潜山路学校"多彩田径"课程结构图

内容，确定不同等级的目标，通过形式多样的教学手段，丰富多彩的活动，培养学生参与田径活动的兴趣，促使学生积极参加各种田径活动，实现目标的多元化。

2. "多彩时刻"：每周二和周五上午第一节课后，我校准时开展大课间活动，我们在"多彩田径"课程理念指导下设计了四种不同的大课间活动方案，每周一轮换，将田径锻炼合理、有机地融入大课间活动中去，既达到锻炼学生体质的目的，也使大课间活动散发浓浓的田径气息。

3. "多彩社团"：学校开设不同级别的田径社团，学生根据自身身体条件和兴趣参加不同的社团。在社团活动中，大多数学生能学会各种田径运动的基本运动技能，在此基础上形成自己的兴趣爱好并有所特长，提高终身田径锻炼的意识和能力。

4. "多彩赛事"：田径"多彩赛事"由两部分组成，即多彩体育节和校内外田径赛事。田径多彩体育节每月一个主题，参与对象既有学生也有家长，能让所有的同学都参与到比赛中去，感受田径带来的乐趣，丰富校园文化生活；校内外的多项赛事让有特长的学生有更多机会站在不同的舞台上展示自己，享受田径带来的酸甜苦辣。

5. 多彩生活：学校田径教学在时间和空间上有很大的局限，家庭体育锻炼打破了学校体育教学的时空限制，成为了校内外的桥梁。学校教育中学生学习到的基本运动技能、健康的生活理念等，是家庭锻炼和健康生活的基础，也能使学生更好地生活和融入社会。

学校的五类多彩田径项目课程是根据学生身心发展的特点，同时围绕《体育与健康》教材开发而得的。这些田径项目课程的开展和实施拓宽了学生学习的内容，有效地增进了学生的身心健康，加强了学生良好的思想品德和意志品质。

二、田径项目课程设置

学校"多彩田径项目课程"设置是基于体育与健康课程标准的基本要求，结合学校学生身心发展特点逐步完善的。课程内容如下（详见表 2-3）。

表2-3 合肥市潜山路学校"多彩田径项目课程"

年级段 \ 分类课程		多彩课堂	多彩时刻	多彩社团	多彩赛事		多彩生活
					多彩体育节	校内外赛事	
水平一	上学期	体育与健康基础知识 队列队形 走和跑的相关练习	循环跑 创编棒球操 广播体操	趣味田径社团	趣味田径运动游戏节 跳短绳比赛 体质达标测试赛	安徽省趣味田径运动会	跳绳 3分钟慢跑 家庭自选运动项目
	下学期	体育与健康基础知识 队列队形 跳绳 跳的相关练习 体育游戏	循环跑 创编棒球操 广播体操	趣味田径社团	趣味田径运动会 跳短绳比赛 队列队形比赛	一二年级田径测试赛	坐位体前屈 3分钟慢跑 亲子游戏
水平二	上学期	体育与健康基础知识（短跑类） 队列队形 短跑类练习 体育游戏	循环跑 游戏：高抬腿、俯卧撑 广播体操	田径中级班	学校田径运动会 趣味田径游戏节 体质达标测试赛	安徽省趣味田径运动会 田径业余训练队测试赛	生命安全教育 仰卧起坐 俯卧撑 两人合作跳绳
	下学期	队列体育与健康基础知识（运动伤害预防） 投掷类练习 体育游戏 各种体能练习	循环跑 游戏：跨步跳、推小车 广播体操	田径中级班	学校田径运动会 "8"字跳长绳 队列队形比赛	三四年级田径测试赛	疾病预防教育 5分钟慢跑 俯卧撑 家庭自选项目
水平三	上学期	体育与健康基础知识（跳投类） 各种跳投的练习 体育游戏 各种体能练习	循环跑 游戏：高抬腿、仰卧起坐 广播体操	田径训练队	学校田径运动会 趣味田径游戏节 体质达标测试	蜀山区中小学生田径运动会 合肥市中小学生运动会 安徽省趣味田径运动会	心理健康教育 8分钟耐力跑 仰卧起坐 家庭自选运动项目
	下学期	体育与健康基础知识（比赛规则类） 中长跑类练习 体育游戏 各种体能练习	循环跑 游戏：纵跳、俯卧撑 广播体操	田径训练队	学校田径运动会 拔河比赛 队列队形比赛	安徽省中小学生运动会 合肥市元旦越野赛 全国趣味田径运动会	生理卫生和健康饮食教育 俯卧撑 8分钟耐力跑 家庭自选运动项目

第四节

在多彩的平台中展示自我

学校多彩田径项目课程秉承着"多彩田径，成就多彩的童年"的课程理念，从"多彩课堂""多彩时刻""多彩社团""多彩赛事""多彩生活"五个方面全面落实。

一、建构"多彩课堂"，让体育课堂丰富多元

"多彩课堂"是内容丰富、充满快乐、目标多元的课堂。教学中的活动与安排应以发展学生核心素养为首要任务，各项辅助活动都应以促进学生健康为目的，应该给学生以自主探索、合作、创造、展示学习的机会，使每名学生在各自原有的基础上得到最大程度的提高和不同程度的发展。

"多彩课堂"要以学生的健康为出发点和落脚点，要求教师必须转变观念，提高认识。要由接受学习转变为接受与体验、发现并重的学习观；由集体教学或分散式的教学情境向"开发式""开放式"教学情境转变，充分发挥学生的主体作用，培养学生体育学科核心素养。

"多彩课堂"要求体育教师营造轻松愉快的练习氛围和环境，倡导学生主动、愉快地学习，激发学生的运动参与热情。

"多彩课堂"让体育老师在完成国家课程之外，在田径教学方面有了更多施展才能的空间和选择余地，鼓励老师创造性地开展田径教学活动，提升田径课堂的教学效果。

为了让老师能更好地理解、掌握和践行"多彩田径"的理念，学校制定了潜山路学校"多彩课堂"评价量表如下（详见表 2-4）。

表2-4 合肥市潜山路学校"多彩课堂"评价量表

评价维度	评价内容	等级分数				
		优	良	中	差	得分
教学目标	教材内容新颖多样，有价值、有创造性；教学目标明确具体、可操作、有层次，符合大纲要求和学生实际，反映健康第一的指导思想，注意认知、情意、技能、素质、健康和适应能力的有机联系和统一。					
组织教法	组织形式活泼，顺序安排科学，练习规范有序，时间分配合理；教法灵活，手段多样，针对性强，趣味性足，时机性好，选择性大，重视教学安全，强调保护帮助，讲求启发引导，善于因材施教，注重能力培养。教学组织严密，教学方法有效，教学步骤清晰，教学评价及时，运动负荷适宜，各项练习的时间、次数、强度安排科学具体；场地、器材、教具及现代教学技术手段的利用经济、实用、有效，符合教学实际需要。					
学法指导	面向全体、突出主体、照顾个体；培养实践能力，勤学好动；提倡思考探究，善疑多问；练习积极主动，互帮互学，循序渐进；竞赛团结协作，开放守约，活泼生动；激励机制好，效果评价真。					
教育效果	寓教于动、寓教于乐；尊重、理解、宽容、开放；团结、紧张、严肃、活泼；发现闪光点、鼓励创造、塑造品行，张扬个性。					
总评		总分				

二、激活"多彩时刻"，扎实开展大课间活动

为了实现"每天锻炼一小时，健康工作五十年，幸福生活一辈子"的目标，结合教体局的相关要求，我校在"多彩田径"课程理念指导下开展"多彩时刻"活动，使其成为富含浓郁田径特色的体育大课间活动。

"多彩时刻"因为是全校师生同时进行，人数众多，且我校场地极为有限，体育组的老师们根据我校实际情况，合理安排内容和进退场顺序，让我校的大课间活动开展得有声有色，得到了上级领导的好评，多所兄弟学校到我校参观学习。

为了让"多彩时刻"扎实有序开展，学校建立了职责明确的多级管理制度，人人有岗位，人人有职责，人人有活动。校长总体负责，值日领导指挥当日活动开展，中层领导分管年级，体育老师深入班级指导学生练习，班主任及配班老师管理各自班级，特长老师全校领操，少先队督导检查。

"多彩时刻"时间为每周二至周五上午8：45—9：15。内容1:进场——循环跑——棒球操——"七彩阳光"——退场；内容2:进场——循环跑——跨步跑、两人推小车——"七彩阳光"——退场；内容3:进场——循环跑——高抬腿、跪姿俯卧撑——"七彩阳光"——退场；内容4:进场——循环跑——纵跳、仰卧起坐——"七彩阳光"——退场。每周一换，交替进行。

为了进一步加强学校田径工作，切实提高学生的健康素质，促进学生的全面发展，使我校大课间开展得丰富多彩，结合实际，学校还制订了"多彩时刻"大课间考核评价制度。

1. 大课间体育活动的巡视和检查细则： 少先队干部检查（10分）。服装（1分）： 穿着整洁大方，衣着得体，佩带校牌，不符合标准每人次扣0.1分。出勤（2分）： 各班必须保证人数、教室只准留2名学生值日（生病、事假必须经班主任允许），缺一人次扣0.2分。队列（2分）： 集合时快、齐、静。队伍不整齐、拖拉、说笑打闹等扣0.5分。活动效果（5分）： 做操时，动作准确到位、跟上节拍，不符合要求的每人次扣0.5分。班级整体精神面貌好，每节课、每个活动学生精神集中，动作认真到位，班级整体效果好，不合要求的每次扣0.1—0.2分。

2. 检查方法： 每天课间操和大课间体育活动课由德育处组织值周学生检查，每周累计分数，计入班级目标量化考核。

3. 对教师和班级的评价： 学校成立大课间活动评价领导小组。将体育教师每天课间操带操时间计入教师个人工作量，每带一天操计1课时工作量，纳入对体育教师的年终考核量。各班主任带班开展活动，计入班主任个人工作量，每带一次大课间活动计1课时，纳入对教师的年终考核量。德育处每天组织少先队员对各班级参加大课间活动进行评比和公示，并评选优秀班级的流动红旗。德育处将评分结果折合计入班级目标考核范围内，作为班主任、班级评优评先的依据之一。每学期末德育处将对各年级、各班级一学期末大课间活动的开展进行总结评比： 各年级设一等奖1名、二等奖2名、三等奖3名，进行全校通报表扬，并在本学期班级总评分中分别给予直加分0.3分、0.2分和0.1分的奖励。

4. 落实责任： 学校中层领导大课间时全部参加活动，分配到各个年级组，对各个班级大课间进行督促监督，提高全体教师对大课间活动的重视。

班主任和副班主任要对本班学生参加大课间活动全面负责，组织好学生积极参加各项锻炼，注意安全，有序进退场。对不按时组织大课间活动的班级（迟到、早退），德育处将在全校进行通报批评，每通报 1 次在当月班级管理分中直接扣 0.5 分。对大课间活动组织不力，造成学生安全责任事故的将取消本学期评优评先资格，情节特别严重的将按有关法律法规处理。

三、"多彩社团"，促进学生个性发展

田径"多彩社团"课程是我校"多彩田径"课程体系构建的重要组成部分，它是对日常田径教学的巩固、补充和拓展，是促使学生形成体育锻炼习惯、感受田径的魅力和快乐、培养终身体育意识的有效手段。田径"多彩社团"课程为了发展学生的个性需求，从一至六年级开发了丰富多彩的"多彩社团"活动，为他们提供了提升特长和发展兴趣的机会和空间。

我校设有田径、篮球、足球、拉丁舞、跆拳道、轮滑等二十余个体育社团，于每日下午的体育活动时间开展活动。田径的"多彩社团"又分为基础班、中级班、业余训练队三种形式，结合学校"三点半"工程，均采用教练挂靠负责制，配班老师全程管理的形式进行。学校通过校本培训、研修和参加合肥市田协组织的专项培训来提高本校老师的田径专项业务能力，同时也聘请合肥市业余体校的专业教练来校担任田径"多彩社团"的老师，提高我校社团的师资水平，保证田径社团的教学质量。田径的"多彩社团"基础班成员主要是学生根据自身的兴趣爱好，通过学校"三点半"工程平台进行报名，而中级班和业余训练队则采取自主报名和教练选拔相结合的形式进行，做到有针对性。

学校德育处全面负责田径"多彩社团"老师招募、学生报名、课程安排、考勤及教学效果的评价，保证有水平的教练进校园，学生每课都有新收获，安全离校家长也无需担忧，杜绝异常收费和宣传。

为了维持田径"多彩社团"健康有序地发展，孩子们能真正学到知识和技能，让有能力的好的教练进入校园，学校德育处制定了较为合理的评价量表如下（详见表 2-5）。

表 2-5　合肥市潜山路学校学生社团工作评价量表

评价对象	指标体系	评定标准	
		等级内容	评定等级
学生社团工作	1. 组织建设方面	章程、制度健全；社团指导教师、社长随缺随配；社团干部发挥模范带头作用；人人有事干，事事有人管	
	2. 活动目标和计划方面	有年度活动目标；活动目标明确且具体；有实现目标的行动计划；计划科学、合理且可行	
	3. 学生活动方面	工作积极主动；活动到场率高；生生合作、师生互动好；学生有问题意识；学生有较多的体验和感受	
	4. 指导教师、社长表现方面	服务意识强，为社员办实事；积极参加学校组织的培训或会议；指导教师和社长经常交流工作情况，工作顺利开展；工作能力强	
	5. 活动成效方面	活动正常开展，受到学生社团成员的欢迎和校领导的肯定；学生活动自主性高，并得到充分的锻炼；活动在校园网上有宣传或活动有成果；活动在教育网或报纸杂志上有宣传报道或获市属以上级奖	
	6. 参与学校校本课程的开发、科研以及创新工作方式方法方面	能参加学校组织的培训活动；能及时总结工作中的经验教训；开发校本课程或有社团方面的科研论文；能创新工作方式方法	
	7. 环境建设方面	能理解学校的困难并克服；有固定的活动场地；活动场地布置适合学生的发展和社团的个性特点；活动场地保持整洁	
	8. 活动记录记载和资料保存方面	记录记载及时；各种记录记载保存完好；开展优秀社员评比；已建立社团成员活动档案袋	
	9. 积极参加和配合上级部门开展活动方面	社团成员基本能参加上级部门组织的各项活动；社团成员积极参加上级部门组织的各项活动；活动积极但效果一般；活动积极且富有成效	
	10. 活动安全方面	无重大安全事故；社团活动每次出校活动向学校申请批准；活动安全措施到位；活动的同时，培养学生的安全意识	

备注：根据学生社团工作的实际情况，我们对社团工作设立了十个指标体系，每个指标体系有四个评定标准，每做到一个得一颗星，并可在做到的等级内容上打"√"（供学校领导、管理教师和授课教师自评、家长和学生用）。

四、设计"多彩体育节"，师生家长齐欢乐

"多彩体育节"以节日系列活动的形式来开展，是全校所有同学的节日，学生、家长都是参与者，学生和家长参与田径锻炼的主动性和积极性被欢乐、紧张的节日氛围充分地调动起来，促使广大学生扩大知识领域，领略节日风情，同时增强学生参与田径锻炼的意识，提高身体素质，为养成终生锻炼的良好习惯奠定基础，是全校性体育活动的一种有效组织形式。

"多彩体育节"也是校园文化的重要组成部分，它除了具备教育功能、健体功能外，还有强大的娱乐功能和激励功能。广大学生、家长和老师在体育节中既能感受到田径运动带来的快乐，也增加了学生与学生之间、老师和学生之间、学校和家长之间、家长和孩子之间的交流和了解，拉近了彼此之间的距离，增进了彼此之间的感情。"多彩体育节"所设置的项目娱乐性、趣味性越强，竞争性越激烈，越受学生和家长的欢迎，尤其是一年一度的亲子趣味运动会更是让无数同学和家长翘首以待，安排表如下（详见表2-6）。

表2-6　合肥市潜山路学校"多彩体育节"活动安排表

时间	主题	参与对象	筹备部门
一月	丽景校区趣味田径节	丽景校区全体师生、家长	一年级体育备课组
三月	贵池校区趣味田径节	贵池校区全体师生、家长	五年级体育备课组
四月	趣味花式跳绳节	全校师生、部分家长	四年级体育备课组
五月	趣味田径游戏节之一级方程式	全校师生、部分家长	三年级体育备课组
九月	体质测试达标节	全体学生	二年级体育备课组
十月	趣味田径游戏节之速度阶梯	全体学生	一年级体育备课组
十一月	趣味田径游戏节之软式标枪、小跨栏	全体学生	一年级体育备课组
十二月	趣味运动会节	一二年级师生家长	二年级体育备课组

"多彩体育节"的参与对象为全体学生和家长，参与人数众多，为了让我们的活动更加有序和富有成效，学校在活动前、中、后均进行了有效的评价和监督，以期实现活动有成效，教师有成长。

1. 活动方案是否务实和有针对性。项目多，参与人数多，年级多，尤其是还有家长的参与，这些均要求组织者制定详细的方案，确保活动有序开展。活动前组织工作是否细致，安全预案是否可行，组织机构、裁判团队运行是否流畅，活动奖项设置是否合理，奖项发放是否及时等都是评判体育节是否成功的重要因素。

2. 活动项目的设置是否合理。活动项目的趣味性、活动项目是否适合不同年级的学生，是否与裁判员水平相匹配，这些都将影响能否达到组织体育活动节的目标。

3. 学生是否有收获。学生是"多彩体育节"的参与者，也可能是多彩体育节的服务人员，多彩体育节是否成为他们展示的舞台和锻炼能力的平台，能否成为学生与家长学生与同学之间沟通和交流的平台，也是评价的重点。

每次活动后，体育组及时召开由分管领导参与的总结会，体育节参与人员总结经验，谈不足，找缺点，分析活动中出现的问题和缺陷以及如何优化等，进而达到提升老师和教研组的协调能力、裁判水平。田径"多彩体育节"的开展让师生都有收获，助力学校办学质量的提升。

五、推行"多彩赛事"，提供展示才艺的舞台

学校组织各种形式的田径比赛或组织学生参加不同级别的田径比赛，能激励学生参加田径锻炼的积极性，丰富同学们的课余生活，提高学生的身心素质，还能培养他们的竞争意识，增强他们的自信心，为终身体育打下良好的基础，繁荣和延续学校多年的体育传统项目。

在学校体育组的统筹安排下，结合合肥市阳光体育比赛赛事和我校的传统，在学年初就制定好田径"多彩赛事"的比赛时间和内容，学校安排专人予以配合和保障。合肥市潜山路学校田径"多彩赛事"的安排如下（详见表2-7）。

表 2-7　合肥市潜山路学校田径"多彩赛事"安排表

比赛时间	比赛内容	负责人
一月	元旦越野跑	焦敏、王瑞
三月	一二年级田径测试赛	章永、张正娥
四月	三四年级田径测试赛	章永、张正娥
五月	五六年级田径测试赛	孙华、张正娥
六月	潜山路学校田径运动会	孙华、王瑞
七月	田径"多彩社团"业余训练队测试赛	孙华、王瑞
九月	蜀山区田径运动会	焦敏、王瑞
十月	安徽省趣味田径运动会	吴娟、王丽
十月	全国趣味田径运动会	吴娟、张鑫
十一月	合肥市田径运动会选拔赛	吴娟、张鑫
十一月	合肥市田径运动会	焦敏、王瑞
十二月	安徽省田径运动会	章永、张正娥

　　为了提高赛事组织质量和水平，达到提高学生学习运动技能的兴趣，促进学生个性发展，为学生传统项目发掘后备人才的目的，学校主要从赛事前的准备、筹划和赛事过程中以及完赛后总结、表彰、相关材料的收集留存等方面对整个赛事进行评价。

　　对参加校外赛事的，学校主要从赛前训练、报名、健康体检、出行组织、后勤保障、现场组织、比赛成绩、新闻宣传等方面进行评价，力求参加一次比赛，学生得到锻炼，老师专业有成长，经验教训有总结，后期有提高。

六、建构"多彩生活"，让健康的生活方式成为一种习惯

　　学校的田径教学传授给学生最基础的技能、知识，增强了学生的身体素质，提升了学生的意志品质，陶冶了学生的情操，培养了学生的团队意识，播种了热爱体育的种子，但它在时间和空间上也有很大的局限，走出校园后，尤其是在寒暑假时间内，学生在校所学的能否得到保持、巩固和提高？尤其是培养锻炼习惯和终身体育意识是一个潜移默化、逐步形成的长期的过

程。于是，家庭体育锻炼走入了我们的视线，家庭体育锻炼是在家长的关心、带领、指导和督促下进行的，活动地点是室内、小区或专业培训机构，以学校的要求或学生、家长的个人爱好为主要内容。家长为学生的锻炼提供了必要的物质条件和经济保障。它打破了学校体育教学的时空限制，成为了校内外的桥梁。可以说，学校是基础，家庭是延续，学校体育为家庭体育提供技术、技能、理念的支持，家庭体育为学校体育的巩固和提高提供了时间上的保证，两者相互促进，相辅相成。

1. 有针对性地布置家庭体育作业。为了推动家庭体育锻炼的开展，让家庭体育作业更加务实，落到实处，我们针对不同的年级段，布置不同内容和要求的作业。水平一的学生好动，兴趣广泛，但缺乏持续性且很多家庭没有亲子锻炼的习惯，所以对于水平一的学生以动起来为目的。教师会布置一些简单易行，易于开展的项目，重在培养锻炼的习惯，同时也鼓励家长与孩子一起选择适合自己家庭的项目，并坚持打卡。

中高年级的孩子和家庭经过两年的训练，很多都已形成一定的锻炼意识和习惯，同时也具备一定的身体条件，这一阶段以布置一定量的身体素质练习和个人家庭爱好的运动项目为主，并坚持打卡。

结合学校体育测试结果，针对后进生和优等生分别与家长联系，了解情况，帮助制定个性化的锻炼方案，以期实现提优辅差的效果。教师帮助优等生家庭进行社会体育活动，如亲子类的比赛、各种专项比赛；提供比赛信息，辅助报名，提供专业指导，以激发他们锻炼的热情，体会运动带来的乐趣，进而促进学校体育的开展，形成良性循环。

2. 积极进行生命安全教育，维护家长和学生的健康。教师充分利用室内课的机会，结合不同季节的情况，进行生命安全教育。如夏季防溺水、春秋季的流行病预防、新冠疫情等，让学生了解相关知识，掌握一定技能，形成预防意识，并让学生们回家向父母宣讲，既让学生掌握了知识，得到了锻炼，同时学校也达到了教育一个孩子，影响一个家庭的目的。

3. 关注心理健康，促进学生身心健康发展。学生的身体健康、心理健康、社会适应能力良好是我们学校体育工作所要达到的目的之一。现在社会节奏快，生活压力大，家长的不良习惯等都会对孩子产生负面的影响，对于在校表现出一定的心理疾患或可能会出现此类情况的孩子，教师需及时与班主任沟通，了解情况，并请学校专业的心理老师及时介入，建立档案，定期追踪，引导学生的心理朝正常方向发展。情况严重的建议家长带孩子及时就医，寻求更专业的帮助。

为了更好地促进家庭体育锻炼形成常态，让家人一起锻炼成为每个家庭生活的习惯，学校还表彰先进，激励更多的家庭积极参与到家庭体育锻炼中来，进而反哺学校体育，促进学校体育的发展。我们结合学校的实际和各年级段学生的任务特点，制定了潜山路学校"多彩生活"评价表如下（详见表2-8）。

表2-8 合肥市潜山路学校"多彩生活"评价表

年级段	活动内容	活动时间	评价方式
水平一	必选类：跳绳、坐位体前屈（二选一） 自选类：3分钟慢跑、球类、体育游戏等，自己喜欢的活动也可	节假日、寒暑假	1. 每日QQ群或小黑板打卡 2. 每月评选一次"最具活力家庭" 3. 每学期在家长中评选若干位"运动达人守护神" 4. 学校趣味亲子运动会检测锻炼效果
水平二	必选类：5分钟慢跑、仰卧起坐、跪姿俯卧撑（三选一） 自选类：耐力跑、球类、武术、游戏均可	节假日、寒暑假	1. 每日QQ群或小黑板打卡 2. 建议家长做好健身记录和计划，引导学生参与某一项或两项感兴趣的活动，形成自己的兴趣爱好 3. 每学期在家长中评选若干位"运动达人守护神" 4. 学校趣味亲子运动会检测锻炼效果 5. 家庭参与社会体育活动情况
水平三	必选类：8分钟耐力跑、仰卧起坐、俯卧撑、跳绳（四选一） 自选类：选一项自己感兴趣的项目练习或参加此类培训，也可是全家都感兴趣的活动	节假日、寒暑假	1. 每日QQ群或小黑板打卡 2. 参与社会体育活动情况 3. 每学期"运动达人评选" 4. 每学期优秀家长评选 5. 学校运动会检验锻炼效果

多年的汗水，也让我们收获累累硕果。潜小学子在蜀山区田径运动会、合肥市田径运动会、安徽省田径运动会、安徽省趣味田径运动会、全国趣味田径运动会中披金戴银，收获一个又一个奖牌。潜山路学校的名字也出现在团体积分的前列。在竞技体育获得丰收的同时，我校学生的身体素质也是逐年提高，2018年、2019年我校在全国中小学生健康体质测试中，优秀率、及

格率均稳居蜀山区第一的宝座，在随后开展的抽测中也有着亮眼的表现，受到测评专家的一致好评。

实施"多彩田径"课程以来，我校在田径方面取得的成绩也得到了上级主管部门和领导的肯定，陆续被评为安徽省田径传统项目学校和国际田联少儿趣味田径项目试验学校。

（撰稿人：　章永　孙华　王瑞　张鑫）

第三章

活力是朝气蓬勃的力量，是旺盛的生命力，是青春的表征。迎着朝阳，孩子们在广阔的绿茵场上自信飞扬：一根根跳绳，如条条长龙，伴着"呼呼""啪啪"的声音在手中翻腾，在阳光下形成一圈圈彩色光环，孩子们用汗水浇灌灿烂美丽的运动之花。

活力跳绳：在运动中迸发活力

　　合肥市琥珀小学是合肥市琥珀山庄内一颗璀璨的明珠，校园环境优美，草坪、伟人塑像错落有致；文化氛围浓厚，壁画、浮雕栩栩如生；师资力量雄厚，教研、教学严谨扎实，是学生学习、生活的乐园。合肥市琥珀小学体育组，现有专任教师 10 人，他们中有足球专业、健美操专业、田径专业、篮球专业、攀岩专业、体操技巧专业、羽毛球专业。按照学校制定的"向着美好生长"课程理念，教研组不断更新教育教学理念，积极参加各类活动，喜获累累硕果，教学质量在蜀山区一直名列前茅。通过开设活力跳绳课程，不仅使学生强健了体魄，增强了活力，更培养了学生阳光、健康、活泼、拼搏的优秀品质。

第一节

感受跳绳的灵动和魅力

体育是以强健体魄为目的的基础类课程，为促进学生身体健康发展奠定基础。"活力跳绳"的课程设置体现了我校的课程理念： 向着美好生长。

我校由于场地有限，大型体育特色课程很难全面开展。跳绳作为一项简单易操作的运动项目，其具有成本低、占地空间少、方便灵活、老少皆宜、随处可做、一学就会等优点，对于我校学生的身心健康以及智力发展十分有益，因此将跳绳作为我校的体育特色课程是科学的选择。

为进一步推进我校体育学科课程建设，依据教育部《关于深化课程改革落实立德树人根本任务的意见》和《义务教育体育课程标准（2011 年版）》，围绕体育学科课程建构与运用、运动项目的安排、学生体格的锻炼、学生身体素质的提高，我校以国家课程为基础，在阳光、健康、活泼、拼搏四个方向进行课程构建，制订我校"活力跳绳"课程群建设方案。

一、"活力跳绳"素养追求

小学体育教学主要以室外课为主，是师生的双边活动，也是将身体和思维紧密结合在一起的一项特殊活动，不仅在于育体，更注重于育心。"体者，载知识之车而寓道德之舍也。"随着教育改革的不断深入，学校体育教学已经进入了一个崭新的发展阶段，已经从单纯的生物观逐渐向培养学生的思想、意志、品质、智力和能力等人生观、价值观方面转变。学生时期是人生的花季，正是长身体、长知识的重要时期。因此，体育教师要充分利用体育课的有利条件，在向学生传道、授业、解惑的同时，将学生的人生观、价值观教育寓于体育教学之中，加强学生的思想品德教育，使学生在增强体质获得体育知识的同时，陶冶情操，树立正确的人生观、价值观。

体育作为一门贯穿于学生整个学习生涯的必修课程，有其学科独特性，以动为主、动静结合，能够充分释放学生爱玩的天性，是受学生喜爱的一门课程。在实现教学目标的各学科中，体育学科具有特殊的作用，尤其是跳绳，对学生来说意义非凡。因为跳绳这项运动，是强身健体和传递信息的载体。教师通过跳绳，帮助学生增强体能，能了解学生心理特征，有目的性地进行体育、德育、智育渗透，将育人育体育心的效果最大化。

二、"活力跳绳"学科理念

健康的体魄是一个人美好生活的基础保障。体育教学就是要鼓励学生走入操场、走进大自然、走到阳光下，养成体育锻炼的习惯。学校根据学生的年龄、性别和体质状况，积极探索适应不同学生个体特点的体育教学与活动形式，指导学生开展有计划、有目的、有规律的体育锻炼，努力改善学生的身体形态和机能，提升运动能力，形成健康的体魄。于是，我们抛去以往的体育教学模式，抓住体育教学的精髓，既追寻体育教育的本源，又遵从现代教育教学的理念，结合我校体育学科的实际情况以及特色项目，提出了"活力跳绳"，即阳光、健康、飞扬、拼搏的运动。

"活力跳绳"是充满"阳光"的运动，让学生拿起跳绳走向操场，走进大自然，走到阳光下，积极锻炼身体，使其体质得到改善，体能得到提升。

"活力跳绳"是充满"健康"的运动，让学生充分展示自己，享受跳绳带来的快乐，形成积极乐观的心态。

"活力跳绳"是充满"飞扬"的运动，使学生放飞心灵、展示自我，以激发学生的锻炼热情，塑造学生健康的体魄。

"活力跳绳"是充满"拼搏"的运动，从学生的意志品质出发，让学生在跳绳中努力拼搏、挥洒汗水，体会正确的体育价值观以及责任感。

基于此，我们将"活力跳绳"的理念确定为：让孩子在跳绳运动中活力成长。

第二节

增强跳绳的灵活性和协调性

一、"活力跳绳"课程总目标

体育与健康课程对于实施素质教育，培养学生的爱国主义、集体主义精神，促进学生德、智、体、美、劳全面发展具有重要的意义。通过课程的学习，学生将掌握体育与健康的基础知识、基本技能与方法，增强体能；学会学习和锻炼，发展体育与健康实践和创新能力；体验运动的乐趣和成功，养成体育锻炼的习惯；发展良好的心理品质、合作与交往能力；提高自觉维护健康的意识，基本形成健康的生活方式和积极进取、乐观开朗的心理品质。

"活力跳绳"课程分为乐参与、善技能、促健康、学适应四个学习方面，各方面的说明及目标如下。

乐参与：参与体育学习和锻炼；体验跳绳的乐趣与成功。

善技能：学习体育运动知识；掌握跳绳技能和方法；增强安全意识和防范能力。

促健康：掌握基本保健知识和方法；塑造良好体形和身体姿态，全面发展体能与健身能力；提高适应自然环境的能力。

学适应：培养坚强的意志品质；学会调控情绪的方法；形成合作意识与能力；培养良好的体育道德。

二、"活力跳绳"课程年级领域目标

根据课程标准的要求，我校"活力跳绳"学科课程领域目标设置如下（详见表 3-1）。

表3-1　合肥市琥珀小学体育学科课程年段领域目标

目标 水平段	活力课堂	活力大课间	活力竞技	活力之旅	活力社团
水平一	上好体育与健康课，积极参加体育活动。通过参与一些简单的体育活动，在游戏中学习，寻找乐趣。学习不同的体育活动方法，体验运动过程并初步掌握跳绳的技能和方法。	全面提高学生的身体素质，让学生体验不同的运动项目和形式带来的快乐。遵守纪律，懂得服从命令听指挥。	学会理解他人、尊重他人。有一定的比赛和竞技意识，体验比赛带来的成功与快乐。	发展户外运动能力。乐于参加户外活动，养成良好的健康行为，体验互帮互助的快乐，在体育活动中适应新的环境。	努力完成当前的学习任务，在共同学习、互帮互助中体验助人为乐的价值，培养动手能力，开发思维能力。
水平二	积极参加多种体育活动。学习奥林匹克的相关知识，对体育活动产生浓厚的兴趣，并在课余时间能够积极参与其他体育活动。初步掌握多种体育活动的方法，通过学习能够熟练地练习跳绳，同时提高身体协调性和耐力，改进跳绳的技术。	培养学生团结向上、遵规守纪的习惯，改善体形和身体姿态，提高学生基本身体活动和完成体育游戏的能力。	积极参加多种体育比赛，并在比赛中保持积极稳定的情绪，遵守运动规则，能够规范自我行为。	了解个人保健知识和方法，重视日常生活中的安全问题，全面发展体能与健身能力，增强适应气候变化的能力。	在有一定困难的体育学习和锻炼中坚持完成任务，保持高昂的情绪，在体育活动中主动和同伴交流与合作。
水平三	掌握有一定难度的身体活动和方法，学会进行积极性休息，掌握科学的锻炼方法，对体育运动有更高的热情。丰富奥林匹克运动知识，学会较高难度的跳绳技能与技巧。	学会通过体育活动积极性休息，培养学生终身体育的意识与习惯，了解多种运动项目的名称及基本的健身价值。	观看体育比赛，了解并学会运动损伤及常见意外伤害的预防和简单处理方法，在团队中能较好地履行自己的职责，在比赛中敬畏强者，尊重弱者。	了解一些疾病预防的基本知识和方法，提高适应自然环境的能力，在有一定困难的体育活动中不怕吃苦，坚持完成任务。	初步了解人体运动系统，进一步掌握青春期的生长发育特点和保健知识，正确认识对待身体条件运动能力的差异，具有良好的体育道德。

第三节

绘制活力跳绳的学习蓝图

"活力跳绳"是我校"美好课程"四大类课程中的重要组成部分。

一、"活力跳绳"课程结构

课程结构是课程目标转化为教育成果的纽带，是课程活动顺利开展的依据。"活力跳绳"课程结构是各部分的配合和组织，是课程体系的骨架。琥珀小学"活力跳绳"课程群结构如下（详见图 3-1）。

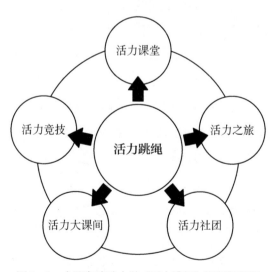

图 3-1　合肥市琥珀小学"活力跳绳"课程框架图

上图中的各类课程具体表述如下：

1. 活力课堂：活力源于体育活动,同样可以来自学生兴趣的增强、好奇心的满足、想象力的绽放、创造力的萌动。而这一切的实现，亟待学校和社会为他们营造出宽松的成长环境，有活力才阳光。活力课堂主要以体育与健康基础知识和体育运动技能的学习为主，同时围绕学校特色跳绳项目，展开一系列课程。跳绳是我国一项优秀的民间传统体育项目，不仅可以起到强身健体的作用，还能调动学生参加身体锻炼的积极性，进而使学生形成刻苦锻炼、坚韧不拔的意志品质。

2. 活力大课间：学校大课间操、阳光体育运动已开展多年，其根本目的是要改变学生体质健康持续下降的局面。虽然大多数学校都能保证"学生每天一小时校园体育锻炼"活动的时间，但是其活动锻炼的质量与效果并不尽人意，如何保证大课间活动的质与效是我们急需解决的问题。我校的大课间包括第三套广播体操"七彩阳光"、创编操"加油操"、跳绳和跑操运动。跳绳运动是中国民间传统的体育健身活动，历史悠久。跳绳运动，通过抬腿、跳跃、屈体、转身等动作，有效地提高关节的柔韧性和身体的灵活性，增强血液循环和新陈代谢，使身体各部分都能得到很好的锻炼；对于学生来说，这是一个纵向的锻炼，有助于长高。跳绳对心脏也有好处，研究表明，跳绳还可以健脑，并能锻炼精神高度集中，增强反应能力和机体的协调能力。

3. 活力之旅："活力"需要健康的体魄，健康是生命的物质基础，有了健康，幸福和成功才有谈及的希望。拥有健康，生命才能大放异彩。我校每年都会开展研学活动和社会实践活动，让学生们走近大自然，提高适应自然环境的能力，同时让学生在社会实践活动中学会交往，学会成长。

4. 活力社团：飞扬的青春是富有生气和活力的，活泼的小学生们可爱、乐观、积极、有力量，充满活力、朝气，充满希望。我校的"美好＋品质课程"中体育类社团有低年级跳绳、高年级跳绳、篮球、足球、羽毛球、武术、象棋、国际象棋八个社团。社团课是课内与课外的结合、知识讲授与实践活动的结合，用游戏比赛、讨论学习等多种教学方式激发学生兴趣，发展学生体能，同时也是体育课堂上的一个补充和延伸。

5. 活力竞技：拼搏是尽最大的力量，用自己的所有不顾一切地努力，去实现自己的目标。许多著名的运动员都曾在赛场上奋力拼搏过。拼搏是成功背后的艰辛，拼搏是光辉后的汗水。我校每年都举行体艺节，校内体育赛事有秋季运动会、广播操比赛、一分钟跳绳比赛、亲子越野跑、校园足球联赛、啦啦操比赛、花样跳绳比赛等等。另外，我校每年都参加区级运动会，蜀山区中小学生乒乓球、棋类比赛、足球联赛、合肥市阳光体育赛事等，我校在乒乓球比赛和棋类比赛中都取得了不错的成绩。

二、"活力跳绳"课程设置

我校遵循体育教育教学和学生认知发展及身心成长规律，稳步推进并逐步完善"活力"课程设置，让学生的身心发展循序渐进，体现真实、自然。"活力跳绳"课程设置不仅让学生运动潜能得到发掘，心理素质得到加强，更重要的是让他们用一种宏观开放的视角积极运用各种运动技能，锻炼健康的身体。故此，学校在基础类体育课程之上嵌入"活力课堂、活力大课间、活力竞技、活力之旅、活力社团"五个主题，即在六年时间里以螺旋上升的态势培养学生健康的体魄和健全的心理素质，体育学科课程设置表如下（详见表3-2）。

表3-2　合肥市琥珀小学体育学科课程设置表

学期 / 年级	课程类别	活力课堂	活力大课间	活力竞技	活力之旅	活力社团
一年级	上学期	队列队形游戏 两脚依次跳绳	七彩阳光 加油操 绳操 集体跳绳	趣味运动会 体质健康水平达标测试 眼保健操比赛 跳绳比赛	雏鹰小队 社区小帮客 研学拓展	绳彩飞扬（低年级）篮球小将 足球小将 武林高手 国际象棋
	下学期	走与游戏 跳绳	七彩阳光 加油操 绳操 集体跳绳	啦啦操比赛 足球联赛 绳操比赛	雏鹰小队 社区小帮客 研学拓展	绳彩飞扬（低年级）篮球小将 足球小将 武林高手 国际象棋
二年级	上学期	跑与游戏 原地并脚跳长绳	七彩阳光 加油操 绳操 集体跳绳	趣味运动会 体质健康水平达标测试 眼保健操比赛 跳绳比赛	雏鹰小队 社区小帮客 研学拓展	绳彩飞扬（低年级）篮球小将 足球小将 武林高手 国际象棋
	下学期	跳跃与游戏 原地两脚依次跳长绳	七彩阳光 加油操 绳操 集体跳绳	啦啦操比赛 足球联赛 绳操比赛	雏鹰小队 社区小帮客 研学拓展	绳彩飞扬（低年级）篮球小将 足球小将 武林高手 国际象棋

年级学期	课程类别	活力课堂	活力大课间	活力竞技	活力之旅	活力社团
三年级	上学期	跑 游戏 连续跳绳	七彩阳光 加油操 绳操 集体跳绳	秋季运动会 体质健康水平 达标测试 广播操比赛 跳绳比赛	雏鹰小队 社区小帮客 研学拓展	绳彩飞扬 （低年级） 篮球小将 足球小将 武林高手 国际象棋
	下学期	投掷 游戏 一分钟跳绳	七彩阳光 加油操 绳操 集体跳绳	啦啦操比赛 足球联赛 花样跳绳比赛	雏鹰小队 社区小帮客 研学拓展	绳彩飞扬 （低年级） 篮球小将 足球小将 武林高手 国际象棋
四年级	上学期	基本体操 游戏 向前摇绳 编花跳	七彩阳光 加油操 绳操 集体跳绳	秋季运动会 体质健康水平 达标测试 广播操比赛 跳绳比赛 亲子越野跑	雏鹰小队 社区小帮客 研学拓展	绳彩飞扬 （高年级） 灌篮高手 绿茵英雄 太极宗师 羽你有约 军师联盟
	下学期	技巧 游戏 向后摇绳 编花跳	七彩阳光 加油操 绳操 集体跳绳	啦啦操比赛 足球联赛 花样跳绳比赛	雏鹰小队 社区小帮客 研学拓展	绳彩飞扬 （高年级） 灌篮高手 绿茵英雄 太极宗师 羽你有约 军师联盟
五年级	上学期	韵律活动和 舞蹈 游戏 双摇跳	七彩阳光 加油操 绳操 集体跳绳	秋季运动会 体质健康水平 达标测试 广播操比赛 跳绳比赛 亲子越野跑	雏鹰小队 社区小帮客 研学拓展	绳彩飞扬 （高年级） 灌篮高手 绿茵英雄 太极宗师 羽你有约 军师联盟
	下学期	支撑跳跃 游戏 双人跳	七彩阳光 加油操 绳操 集体跳绳	啦啦操比赛 足球联赛 花样跳绳比赛	雏鹰小队 社区小帮客 研学拓展	绳彩飞扬 （高年级） 灌篮高手 绿茵英雄 太极宗师 羽你有约 军师联盟

课程类别 年级 学期		活力课堂	活力大课间	活力竞技	活力之旅	活力社团
六年级	上学期	球类运动 游戏 穿梭跳长绳	七彩阳光 加油操 绳操 跳绳	秋季运动会 体质健康水平 达标测试 广播操比赛 跳绳比赛 亲子越野跑	雏鹰小队 社区小帮客 研学拓展	绳彩飞扬 （高年级） 灌篮高手 绿茵英雄 太极宗师 羽你有约 军师联盟
	下学期	武术 游戏 跳长绳：双绳跳	七彩阳光 加油操 绳操 跳绳	啦啦操比赛 足球联赛 花样跳绳比赛	雏鹰小队 社区小帮客 研学拓展	绳彩飞扬 （高年级） 灌篮高手 绿茵英雄 太极宗师 羽你有约 军师联盟

第四节

让跳绳激发身心活力

　　体育是促进学生体质全面发展和身心发展的核心课程。体育素养是一种内化于心的技巧和能力。"活力跳绳"教的是技能，育的是精神，学的是技巧，习的是能力。"活力跳绳"从落实"活力课堂"、打造"活力大课间"、举行"活力竞技"、开启"活力之旅"、繁荣"活力社团"这五方面入手，在务实中引导学生领悟体育之美，践行"让体育学习自然真实地发生"的理念。

一、落实"活力课堂"，夯实体育学习基础

　　"活力跳绳"的课堂是纯朴而真实的学习过程，剥去热闹的外衣，探求学生之心，体悟教者之心，追求纯朴、自然、务实、求真的育人目标，它是学生真实学习的体现。

（一）"活力课堂"的实践与操作

　　"活力跳绳"的课堂，让我们不断追寻体育的本来面貌。在教学目标设定时，在教学内容选定时，在教学环节确定时，在教学方法制定时，都应去伪存真，引导学生扎实地体会纯朴的体育，自然地感受真实的体育。"活力课堂"就是拥有明确的课堂目标。课堂目标既是教师教的目标也是学生学的目标，课堂的预设和完成主导着课程的方向和走向。从课堂过程看目标是一课之灵魂，明确目标本色而不浮夸，体现了"活力跳绳"的理念；从课堂效果看目标是一课之准绳，明确目标简明而不繁复，体现了"活力跳绳"课堂的特点。

"活力课堂"呈现自由的教、学方法。叶圣陶先生说过："教学有法，教无定法，贵在得法。"[①] 教学是教师创造性的传递，不能用一种方法限制其成长；学习是学生个性化的体验，不能用一种思维僵化其发展。"活力跳绳"课堂自由的教、学方法不仅体现了教师教学的智慧和创造力，而且体现了学生学习的能力和态度。

（二）"活力课堂"的评价

　　"活力课堂"的"活力"是以学生的运动水平和身体素质为基础，遵循不同学生身体发展的客观规律，在学生能够承受的范围内，合理地使学生的体质得到稳步的提高，合肥市琥珀小学"阳光课堂"评价表如下（详见表3-3）。

表3-3　合肥市琥珀小学"阳光课堂"评价表

年级	日期	内容	等级（优秀、良好、一般、待提高）	自我评价	教师评价	寄语
一至三年级		队列队形				
		走				
		跑				
		投掷				
		跳绳				
		原地并脚跳长绳				
		原地两脚依次跳长绳				
		一分钟跳绳				
四至六年级		基本体操				
		向前摇绳编花跳				
		技巧				
		向后摇绳编花跳				
		韵律活动和舞蹈				
		双摇跳				
		支撑跳跃				
		双人跳				
		球类运动				

---

① 许德凯. 小学体育课教学方法与手段［J］. 课程教育研究，2019（5）：209—210.

年级	日期	内容	等级（优秀、良好、一般、待提高）	自我评价	教师评价	寄语
		穿梭跳长绳				
		武术				
		跳长绳：双绳跳				

二、打造"活力大课间"，展现课间灵动之美

阳光体育蓬勃开展，每天一小时的校园体育活动为学校体育工作注入了勃勃生机，学校要把体育特色跳绳与大课间活动有机地结合起来，统筹设计，保质保量，形成校领导统帅、体育组教师牵头、班主任参与的模式，不断改进和完善大课间内容和形式，使体育大课间活动取得实效，促使学生有效掌握多项运动技能，每天做到有效的锻炼。

（一）"活力大课间"的实践与操作

我校把"活力大课间"活动时间列入课表，切实保证学生在校每天有一个小时的体育活动时间。"活力大课间"分上午、下午两个时间段进行，周二至周五上午 8：40—9：15 进行"两操"，周三、周五做"七彩阳光"广播体操和跳绳、周二、周四做创编操"加油操"和跳绳， 10：50—10：55 进行眼保健操；周一至周五下午 2：40—2：55 各班进行自主练习绳操， 2：55—3：00 进行眼保健操。轻松愉悦的大课间活动营造了教师乐教、学生乐学的良好氛围，从而有效促进学生全面发展，健全学生的运动人格，使学生增加对体育运动的热爱，从而养成稳定的体育运动习惯，树立终身参加体育活动的志向。

（二）"活力大课间"的评价

"活力大课间"的评价通过每日常规检查、体育组教师每日点评的形式进行。

每日常规检查： 学校德育处把大课间活动归入学校一日常规检查内容。组织大队部学生干部对大课间各班出勤、出操速度、技能完成质量、组织秩序、精神面貌方面进行打分，次日将评价公布于一日常规记录表，每周汇总，作为每周评选优秀班级的依据。

体育组教师点评： 负责整队的体育教师将从组织活动情况、班级活动质

量以及班级进退场秩序各方面进行评价，每日点评总结反馈。

三、举行"活力竞技"，诠释体育竞技内涵

"活力竞技"是学校体育教学中不可缺少的一个部分，通过学生之间的相互竞技，展现学生的身体素质和运动水平，提高学生对于竞技的认识，提高学生的体质和运动技能，让学生在适当竞争中锻炼身体，陶冶情操，发展智力和个性，展现新时代的小学生形象，培养学生顽强拼搏、团结协作的精神，用健康的体魄投身于学习之中。

（一）"活力竞技"的实践与操作

竞技项目是体育领域的重点训练内容，也是小学体育教学的重要部分。竞技体育旨在最大限度挖掘个人或者群体在体力、心理、智力等方面的潜力。而竞技项目在训练的过程中对学生的技术、力量、速度、耐力、柔韧都有一定的要求。基于此，我们希望通过竞技比赛可以起到抛砖引玉的作用，进而促进竞技项目在小学体育教学中的发展，让学生通过竞技训练掌握竞技技巧，提高身体素质，成长为德、智、体、美、劳全面发展的人才。运动会是学校一年一度的大型活动，学生们以班级为单位参加，全体学生都参与其中。学生之间的相互合作，相互竞争，使得各班级的集体荣誉感不断增强。班与班之间的对抗，学生们在操场上挥洒汗水，都不同程度锻炼了学生们的意志品质。在"活力竞技"的带动下，学生们的身心发展都得到了提高。"活力竞技"中各项赛事的举办，不仅为学生创设文明、健康、活泼、和谐的校园生活，也提升了校园文化的品质，合肥市琥珀小学"活力竞技"赛事安排表如下（详见表3-4）。

表3-4　合肥市琥珀小学"活力竞技"赛事安排表

赛事名称	参与对象	时间
趣味运动会	一二年级学生	九月
秋季运动会	三—六年级学生	九月
体质健康水平达标测试	全体学生	十月
眼保健操比赛	一—三年级学生	十一月
广播操比赛	四—六年级学生	十一月

赛事名称	参与对象	时间
跳绳比赛	一——三年级学生	十二月
亲子越野跑	四—六年级每班 5 名学生及 5 名家长	十二月
啦啦操比赛	全校班级组队	三月
足球联赛	全校班级组队	四月
绳操比赛	一——三年级学生	五月
花样跳绳比赛	四—六年级每班 10 名男生 10 名女生	五月

　　2. "活力竞技"的评价

　　"活力竞技"具有公开性、公平性和公正性，具有非常强大的传播能力和影响力，因此对比赛的时间、地点、器材有着严格的要求。在小学体育竞技项目教学中，教师需要定期开展一系列的比赛，同时在这些比赛中注意规范比赛要求，确保竞争的公开、公正和公平，只有做到了这些，才能更好地激发学生刻苦锻炼的积极性。教师要注重督查"活力竞技"的纪律，防止违规乱纪的事情出现，影响比赛的公平竞争，在最大范围内力保"活力竞技"的公平、公正和公开。在进行"活力竞技"的教学和训练中，教师要事先进行安全教育，注重安全，防微杜渐。在开展"活力竞技"时需要确保场地、器械的安全性，同时也要密切关注学生的身体状况。赛事评价详见表 3-5。

表 3-5　合肥市琥珀小学"活力竞技"赛事评价表

赛事名称	评价方法
趣味运动会	单项录取前六名，按 7、5、4、3、2、1 计分，团体总分按单项记分之和计算
秋季运动会	单项录取前六名，按 7、5、4、3、2、1 计分，集体项目得分加倍，比赛不足六名，录取名次递减一名，依此类推。人数不足 6 名时递减一名录取（分道跑项目决赛时以成绩界定），团体总分按单项记分之和计算，得分多者列前，如相等依次看单项第一、第二等多少决定名次。拔河比赛以淘汰的形式分年级进行比赛，以集体分计分
眼保健操比赛	一至三年级比赛，以班为单位，每个年级评一二三等奖
广播操比赛	三至六年级比赛，以班为单位，每个年级评一二三等奖

赛事名称	评价方法
跳绳比赛	计数，一分钟全班跳绳总数除以人数，每个年级评一二三等奖
亲子越野跑	计时，用时少的家庭取前十名，其余家庭均获参与奖
啦啦操比赛	六年级六个组别的比赛，每个年级评一二三等奖
足球联赛	分一至六年级六个组别的比赛，采用单循环制比赛，最后以总积分确定各年级联赛名次
绳操比赛	一至三年级比赛，以班为单位，每个年级评一二三等奖
花样跳绳比赛	30 秒速度单摇跳＋30 秒间隔交叉单摇跳＋30 秒速度向前摇绳翻花跳＋30 秒速度向前摇绳翻花跳，计数，男子女子各取前八名

四、构建"活力之旅"，开辟体育实践天地

"活力之旅"就是利用一切可以利用的条件为学生营造浓厚的体育教学，让学生在多元的环境中通过各种渠道学习体育技能，感受运动带来的快乐。

（一）"活力之旅"的实践与操作

"活力之旅"可以让学生感悟生活，激发学习体育的动力，让学生从生活中发现体育、感悟体育、创造体育，这是实施"活力跳绳"的有效途径。只有在实实在在的实践中点燃灵感的火花才能让学生充分感受体育的魅力；只有在广博坚实的视野中形成思维的溪流才能展现体育的活力。

"活力之旅"让学生回归自然，演绎精彩体育，这是体育学习路径的拓展和日常生活的延伸。生活中处处有体育，雏鹰行动、社区小帮客、研学拓展等社会实践活动都是学生走向社会的重要的锻炼方式，也是体育教育与实践相结合的具体体现。学生参加的各项实践活动，是课堂教育在德、智、体、美、劳各方面教育的补充和延续，是在生活中激发学生展现其体育素养的平台，是学生充分展示个性特征的途径。"活力之旅"真真切切实现着学科的大视野和大格局，充分凸显了生活是课程之源的宗旨。根据学生特点，学校将"活力之旅"细分为"雏鹰小队活动、社区小帮客活动、研学拓展活动"三大类，分别在低（1—2 年级）、中（3—4 年级）、高（5—6 年级）三个学段开展，学生通过走出校门、融入社会、贴近自然、感触生活，增加对社会的认识与理解、体验与感悟，并在实践中磨炼自己，锻炼和提高自己的运动能力。

与此同时，学生能够在此基础上反观社会现象，提高思考辨识能力，从而增强社会责任意识。

（二）"活力之旅"的评价

"活力之旅"在于培养学生的态度和能力，进而提高知识和技能。其强调评价的激励性，鼓励学生发挥自己的个性特长，施展自己的才能，努力营造积极进取、勇于创新的氛围。开放的"活力之旅"采用多元的评价方式，在学生自我评价的基础上，尽可能采用他评、互评和集体评价的形式，将个人和小组的经验及成果展示出来。第一，实践前先查阅、搜集资料，了解活动相关知识，确立目标，分工明确。第二，活动中，积极参与、协作互助，充分运用体育技能，发挥个体主观能动性和团队的力量，努力完成各项任务。第三，活动结束后，要积极思考，相互交流沟通，总结经验并通过小组交流、写作、手抄报等形式进行梳理和分享，把所见、所闻、所感、所思化成实实在在的收获。

五、充实"活力社团"，激发体育学习兴趣

我们以"让每一位学生每学期至少参加一个活力跳绳社团"为建设目标，引导学生广泛参与社团内的各种活动，力争让每一个学生都能较好地掌握一项体育特长和技能。我们组织专门的机构负责活力社团，定期组织学习研究，协调校内外、课内外关系，保证社团活动正常开展。各项体育课程和活动均设立具体的负责教师，由学校根据教师在体育领域的专业、特长和爱好，在自愿的基础上统筹调配，每个课程配置2名教师，一名教师负责具体的教学活动安排、备课等教学任务；一名教师负责学生的召集、考勤并协助授课教师完成教学活动，以此对学生进行针对性教学。

（一）"活力社团"内容丰富

"活力社团"时间固定，选择自由。我们把活力社团的全部活动安排在每周固定时间，便于教师的统一安排，也有利于学校形成浓厚的体育社团氛围。根据课程内容不同，面向不同年级招募参加人员，可以跨越年级，每个社团人数尽量不超过50人，以保障学习效果。我们充分利用学校现有资源，开放各功能室及学生教室，真正做到物尽其极，物尽其用。

"活力社团"气氛浓厚，活动精彩。我们尊重学生学习体育的主体性，

大大地激发学生学习体育的兴趣，在社团活动中使学生感受到角色的转化，体验成功的喜悦，使学生得到全面的发展。"活力社团"课程安排如下（详见表3-6）。

表3-6 合肥是琥珀小学"活动社团"活动安排表

课程名称	参与人员
绳彩飞扬（低年级）	1—3年级学生
篮球小将	1—3年级学生
足球小将	1—3年级学生
武林高手	1—3年级学生
国际象棋	1—3年级学生
绳彩飞扬（高年级）	4—6年级学生
灌篮高手	4—6年级学生
绿茵英雄	4—6年级学生
太极宗师	4—6年级学生
羽你有约	4—6年级学生
军师联盟	4—6年级学生

（二）"活力社团"的评价

"活力社团"在丰富校园文化，培养学生兴趣，发挥学生特长，拓展学生素质等方面发挥着越来越重要的作用。"活力社团"以其更广阔的活动空间，更丰富的活动内容，更灵活的活动方式，深受学生的喜爱，发挥了重要作用。因此,我校将"活力社团"建设作为培养学生综合素质的重要途径。随着各个社团规模不断扩大，社团活动内容得到日益丰富，社团作用也在不断增强，"活力社团"成为我校发展的一个"新亮点"。"活力社团"评价参照以下标准： 第一，"活力社团"活动记录认真完整。活动方案制定丰富多彩，规范细致，可操作性强，活动过程较详细，学期结束有活动反思或小结；第二，教师充分履行指导的职责。社团活动过程中，社团成员人数适合，规模适度，成员的档案资料齐全，指导教师认真负责，学生社团要突出学生的主体性和创造性，使学生在社团活动中自治自理、健康发展；第三，教师加强社团管理。组织有序、记录完善，社团活动内容丰富，形式多样,体现实践性和综合性，有利于培养和锻炼学生多方面的素质，展现校园文化精神；第四，学期结束时，社团能以个性的方式展示社团活动成果。社团活动取得良好的教育效果，在学生中有一定的影响。

总之，跳绳作为一种古老的娱乐活动以及传统的运动项目，能够增强肌肉力量，促进骨骼的生长发育，增强心肺功能，促进新陈代谢，增强脑细胞活力以及提高思维和想象力，因而成为减肥以及健脑益智的最佳运动方式。因此，我校普及和推广花样跳绳，对于传播中华民族的历史文明以及宣扬跳绳的文化内涵有着非常重要的意义。

我校自开展跳绳课程以来，学生的跳绳能力得到了大幅度的提升，对跳绳的兴趣更加浓厚。我校学生在体质健康水平达标测试上，跳绳项目的优秀率与合格率大幅提升。在学校每年的秋季运动会一分钟跳绳比赛中，学生的跳绳成绩逐年提高，每年跳绳成绩都会打破上一年创下的成绩记录。

（撰稿人： 许广卉　许修平）

第四章

绿意盎然，怡悦生长。生命焕发出勃勃生机，孩子们借"足球"画笔描绘精彩的人生画卷：足球在脚下滚动，笑容溢满脸庞，快乐心绪飞扬；激情在赛场燃烧，竞争和友谊相伴，欢乐与泪水"裹"入足球；挥洒汗水，灌溉梦想，足球精彩了生命，强健了体魄。奔跑吧！足球少年，踢出你的健康生活，活出别样精彩的人生！

乐健足球：在拼抢中灌溉梦想

　　合肥市绿怡小学创建于 2004 年 9 月，坐落在风景旖旎、碧水灵秀的政务区天鹅湖畔。学校以"绿意盎然，怡悦生长"为办学理念，秉持"志存高远，自强不息"的校训，坚持以学生的发展为本，为学生终身发展奠定基础，精心打造属于普通老百姓的品牌学校。

　　我校是安徽省足球传统项目学校和足球特色学校。体育学科组现由专职体育教师 8 人、兼职教师 4 人组成。专职体育教师团队中有 3 人具备足球教练资质， 1 人具备足球裁判员资质，另外 3 人为体育类院校毕业，是一支专业素质过硬的体育教学团队。队伍中老、中、青教师分布均衡，在教育教学工作中通力合作，勤奋钻研、认真教学，积累了丰富的教学经验和教育成果。学校自 2004 年创办之初，就把校园足球作为学校的一个亮点优势项目去进行建设，组建校队训练、组建班级小队比赛等等，让学生人人都参与到足球活动中来，从玩中学到学中练，再由比赛促成长。经历了十年实践打磨，足球也成为了学校的特色，学校也提炼出"自信、合作、快乐、拼搏"的足球理念。学校坚持以足球特色教学为依托，以一方面的教育成果带动学生德、智、体、美等多方面的进益，达到强身、辅德、增智、益美和促教的目标。创建足球特色以来，我校坚持"以球锻体，以乐促学"的教育主张，取得了许多成绩，受到上级有关部门的肯定和当地社会的认可。通过足球课程的学习，学生既强健了身体，也培养了坚持、果敢、自信等优秀品质，形成了团结协作、健康向上的思想意识。

足球文化的魅力

一、学科价值追求

　　《中共中央国务院关于深化教育改革全面推进素质教育的决定》文件中明确指出："健康体魄是青少年为祖国和人民服务的基本前提，是中华民族旺盛生命力的体现。学校教育要树立健康第一的指导思想，切实加强体育工作，使学生掌握基本的运动技能，养成坚持锻炼身体的良好习惯。"学校体育在学生学习运动技术和形成运动习惯的过程中起着不可或缺的作用，主要是以身体练习为手段，通过对体育知识、运动技能与运动方法的学习，促进学生身体健康，提升学生运动能力，并形成体育锻炼的意识。我校以足球学练为突破口，引导学生从"看"到"玩"再到"赛"，由一个"旁观者"到"参与者"，由兴趣爱好发展到技能特长，也使得学生能持续运动，达到坚持锻炼身体的目标。

　　足球号称是"世界第一运动"，是一项全身性、综合性的集体运动项目，具有很高的健身价值。开展足球运动，能广泛吸引学生参与到足球运动中来，能全面锻炼学生身体，提高学生的奔跑能力，增强心肺功能，强壮腿部肌肉，多方位提升学生身体素质。瞬息万变的球场，能锻炼学生脑反应能力和对问题的判断决策能力，还能培养学生良好的心理品质和社会适应能力，增进同伴间相互配合的协作能力，使其具有强烈的集体意识和荣誉感。我校自创办以来，秉持"强内涵，铸精品，创特色，促提高，努力实现学校跨越式发展"的办学思想，重点发展学校足球，依托足球教学具体落实体育教育教学目标。我校学生人人参与足球运动，学校有足球大队，班级有足球小队，每年都会举办足球节和足球类比赛活动，为学生学习足球知识和展示足球技巧提供了技术支持和平台，而来自同伴的欢呼和赞赏就是给予孩子们最高的褒奖。在学校"画卷式"课程统领规划下，结合学校特色教学实践和学生身心发展的特点，我校以"低年级玩足球、中年级练足球、高年级赛足球"的方式来促进学生快乐学习、健康成长。经过长期实践积累，我校形成了独有的足球特色文化，并依据《义务教育体育与健康课程标准（2011版）》和《中共中央国务院关于深化教育改革全面推进素质教育的决定》等内容，开发了"乐健足球"校本课程。

乐，意为愉悦，快乐是人类精神上的一种愉悦，是一种心灵上的满足，是由内而外感受到的一种非常舒服的感觉；健，意为强壮、身体好，健康是指一个人身体素质、精神状态和社会适应等方面都处于良好的状态，是人生的第一财富。通过在学生中普及足球知识和技能，学校逐步建立了班级、校级足球队，借"特色足球项目链"的衔接，以及足球课堂、足球竞赛和足球校园文化等活动，培养身心健康、特长突出的青少年足球人才。

二、特色项目理念

依据《决定》的文件精神，结合我校"书写怡悦人生的画卷"的课程理念和体育与健康学科的实际情况，我们提出以"乐健足球"课程为核心的"以球锻体·以乐促学"学科理念。我们认为，以足球学练为载体的体育课程起始于"快乐"，落点在"健康"。学生在轻松愉悦的学习氛围里，体验学习的趣味，感受活动的快乐，掌握必要的足球知识、技能和相应的科学锻炼方法，形成良好的意志品质和健康向上的生活方式，为终身体育奠定坚实基础。

"乐健足球"坚持以球健体，通过学习足球技能和赛场拼搏，改善学生的身体机能，促进强健体魄的形成。以科学、合理的训练方法，循序渐进地学习内容，促进学生新陈代谢的提高，呼吸系统、心脏器官功能的增强，让学生拥有健康的身体。

"乐健足球"坚持以球辅德，打磨学生的意志和精神，培养学生健全的人格和良好道德品质。酷暑和寒冬是培养学生坚韧意志的训练场，风雨无阻的室外训练和球场的激烈对抗有利于催化学生积极向上、勇于拼搏、不怕困难、吃苦耐劳的精神。

"乐健足球"坚持以球促智，带动文化课的学习，提升学生智能。强健的体魄是学习的基础，凭借学生在足球运动中养成的良好的意志品质更能促进其智育的良好发展，实现素质教育的全面丰收。

"乐健足球"坚持以球怡情，推动师生精神生命的成长。校园足球文化的建设形成，让师生时刻处在足球文化的氛围中，时刻受到"足球"文化的熏陶，体验快乐运动、健康成长。这种体验能形成一种美好记忆和迁移，帮助他们领会体育运动的重要性，从而形成自己能长期坚持的运动生活方式。

"乐健足球"是在玩耍中体悟快乐的体育。孩子们都喜欢玩耍，因为玩耍可以获得快乐，快乐又会让他们更喜欢参加活动。在课堂中，教师为学生创设自由、宽松的体育教学氛围，让学生保持愉悦的心理状态，通过参加多种教学活动，充分感受和体验体育课程带来的快乐，在不知不觉中获取知识、得到锻炼。

"乐健足球"是在学习中获取知识的体育。学生具有好奇、好新、好胜的特性，掌握了学生爱玩好动的天性，我们可以"投其所好"，采用不同的体育游戏，培养学生的学习兴趣，以玩促学让孩子们更好地学习体育知识，获得身体能力的锻炼，培养学生对体育运动的热爱和向往。

"乐健足球"是在竞赛中逐渐成长的体育。争强好胜是学生的又一天性，在学习中可以让学生不甘落后的心理演化成自强不息，为达成目标不懈努力的精神，有助于磨炼学生形成坚韧不拔、吃苦耐劳的品格，培养学生对体育精神的追求与崇尚。

总之，"乐健足球"关注学生身心健康，从创设轻松愉悦的环境，到体验学习的乐趣，到掌握相应的技能、磨炼坚忍的意志品质，使学生逐步形成积极向上的学习态度，为学生快乐健康地成长打下坚实基础。

第二节

足球运动磨砺身心

　　《义务教育体育与健康课程标准（2011 版）》指出： 义务教育体育与健康课程遵照 "健康第一" 的指导思想，强调实践性特征，突出学生的学习主体地位，努力构建较为完整的课程目标体系和发展性的评价方式，重视教学内容的基础性、选择性及教学方法的有效性和多样性，注重激发学生的运动兴趣，引导学生掌握体育与健康基础知识、基本技能和方法，增强学生的体能，培养学生坚强的意志品质、合作精神和交往能力等，为学生终身参加体育锻炼奠定基础，促进学生健康、全面发展。

　　基于对标准的解读，结合我校足球特色文化和体育教学的实际情况，我们设计开发出以 "足球学练" 为主线内容的课程，促进学生身心健康成长，推进素质教育在我校的全面深入开展。

一、课程目标与计划

　　《义务教育体育与健康课程标准（2011 版）》提出： 通过体育课程的学习，学生将掌握一定的体育与健康基础知识、基本技能与方法，增强体能；能学会锻炼自己，发展身体能力和心理品质，体验运动的快乐和成功的感受，有助于形成健康的生活方式和积极进取、乐观开朗的人生态度。结合我校足球特色教育思想，我们认为： 足球运动能伴随人一生，是力与美的结合，是激情与速度的碰撞，是智慧与情感的展现，足球场上的激情能给学生带来更多的精神享受。学生走出教室、走到操场、走到阳光下，到草坪上踩一踩，能享受足球运动的乐趣，焕发出青春的朝气和活力，给校园文化注入勃勃生机，还能陶冶学生心灵，提高学生审美情趣，培养学生高尚情操，发展学生的奔跑能力及协调性，形成团结协作，互帮互助的意识，增强学生身体素质。学生可以在学生时代学会"一技之长"，养成与掌握终身体育锻炼的习惯和方法，形成勇敢顽强和坚忍不拔的意志品质，促进学生在身体、心理和社会适应能力等方面健康、和谐地发展，使之终身受益。

基于此，我们设定了以下育人目标：

1. 以球健体，促进学生强健体魄的形成。

足球运动对学生身体素质的提高是十分有益的。球场上的奔跑，运球盘带和各种动作技能的形成等都是平时刻苦训练的积累，足球游戏、足球团体操、足球啦啦队队操等都能活跃学生的身心。足球运动使学生的动作协调能力、反应能力以及身体素质都有明显提高，他们的身体形态、生理机能等也得到了很好的发展。

2. 以球辅德，促进学生良好意志品质的形成。

足球作为一项竞技运动项目，既需要整个团队的通力合作，又需要队员们遵守一定的球场规则，还需要队员们既能共同分享成功的喜悦，又能勇敢地面对挫折。足球运动能真正锤炼人，使队员们形成遵守行为规范、积极向上、勇于拼搏、团结合作、相互帮助的良好品质。队员们在快乐的足球活动中，快乐参与、快乐体验、快乐成长。

3. 以球促智，带动学生文化课的学习。

强健的体魄是学习的基础，凭借学生在足球运动中养成的良好的意志品质更能促进其智育的良好发展，实现素质教育的全面丰收。

4. 以球怡情，促进师生精神生命健康成长。

围绕校园足球文化，让身处其中的师生们时时刻刻受到"足球"文化的熏陶：或在绿茵场上全速奔跑、挥洒汗水奋勇拼搏，为获取胜利抛洒热血；或在场下摇旗呐喊，声嘶力竭、以声助阵；球场内外师生同心，因足球血气上涌、悲喜交加……"快乐足球"既健身又健心。

我们依据"体育课标"、体育与健康教材及相关教学用书、教学参考书，结合我校"足球特色"和校本课程等要求，设置了"乐健足球"年段课程目标，具体内容如下（详见表 4-1）。

表 4-1 合肥市绿怡小学"乐健足球"特色项目年段目标设置表

年级	目标
一年级	积极参加各种游戏活动，认真上好体育课； 通过学习和实践，知道身体各主要部位的名称，初步掌握正确的坐、立、行方法，形成正确的身体姿势； 对足球感兴趣，掌握简单的足球基本动作； 在体育活动中，形成团结互助的精神品质，建立和谐的人际关系。 爱上"小足球"，培养坚强的意志力。
二年级	喜欢上体育课，学会用科学的方法参与体育活动； 通过足球教学和足球游戏等练习，进一步发展身体协调性和柔韧性以及下肢力量； 掌握足球基本动作的技术方法，锻炼身体协调性； 在体育活动中感受参与集体活动的乐趣，培养学生安全意识和自信心。 探索"足球游戏"，激发学生学习的兴趣。
三年级	乐于参加新的足球活动、足球游戏和比赛，学习足球运动的相关知识； 体验运动过程，能说出多种动作术语或动作名称； 初步掌握"小足球"的动作方法，发展柔韧性、灵敏性、速度和力量； 增强安全意识和防范能力，培养坚强的意志品质。
四年级	敢于尝试多种足球技术动作，培养认真锻炼身体的意识。 初步认识自己的身体，掌握锻炼身体的简单知识及方法，学会一些体育、卫生保健的安全常识； 初步学习足球运动的基本技术，掌握简单的足球发展技能，进一步发展身体素质，提高身体基本活动能力； 激发学习足球各项基本技术的兴趣，培养积极性以及团结协作等优良品质。 走进足球的世界，培养坚韧不拔的毅力。
五年级	积极参加体育锻炼，培养运动的兴趣和爱好，形成坚持锻炼的习惯； 知道足球运动的基本裁判方法和规则； 掌握两到三项足球运动的技能和动作方法，发展体能； 具有良好的心理品质，表现出人际交往的能力与合作精神。
六年级	参加足球学习和锻炼，学会通过足球运动进行积极锻炼； 通过书本和观看比赛，了解足球运动知识； 基本掌握足球运动的技术动作组合以及运动损伤预防与简易处理方法； 培养坚强的意志品质，在足球运动中尊重弱者，形成良好的体育道德意识和行为。

第三节

多样的足球特色课程

一、足球特色课程的结构

依据《义务教育体育与健康课程标准（2011 版）》和"乐健体育"课程理念与学科目标，结合学校体育特色项目，学校从"乐玩、乐学、乐竞"三个版块架构"乐健足球"学科课程体系，以丰富多样的足球拓展课程与国家课程进行互补，从而让每个学生都能在足球学练中得到全面的发展。课程结构图示如下（详见图 4-1）。

图 4-1　合肥市绿怡小学"乐健足球"课程结构图

上图中各板块课程具体表述如下：

1. "乐玩课堂"板块通过足球类游戏激发学生参与兴趣，让学生积极主动参与到足球活动中来，让学生体验足球运动的激情，分享足球的快乐，感悟足球文化，从而培植学生的自信心，培养积极进取、奋勇争先和团结合作的体育精神。

2. "乐学课堂"板块通过选择合适的足球技能教学内容，真正让足球成为孩子们最基本也最感兴趣的锻炼方法，让学生从"愿意玩"到"想要学"，主动加入到足球运动中来。在学练中，学生能够正确掌握具有一定难度的足球运动技术动作，养成科学锻炼的习惯和方法，激发学生的运动兴趣，增强学生的身体素质。

3. "乐竞课堂"板块在足球技能学习的基础上，创设具体的情境，以体育赛事增强学生参与、争先等意识的形成，锻炼学生的心理健康和社会适应力，让学生能正面应对胜败得失，学会调控自我情绪，培养坚强的意志与品质。

"足球意趣""足球增能""足球学技""足球育体""足球文化""足球竞技"六方面是"乐玩课堂、乐学课堂、乐竞课堂"三大版块的基础内容。这些教学内容既是独立的又是互有关联的，合理有效的开展和实施，能让整个体育教学活动互为补充，让学生从愿学、能学到想学、会学，从而实现"乐健足球"的课程理念和学科目标。

二、足球特色课程的设置

结合"乐健足球"学科课程育人目标，遵循学生成长规律，我们通过乐玩课堂、乐趣课堂、乐竞课堂 3 个板块设计了 1—6 年级各学年足球学习内容（详见表 4-2）。

表 4-2　合肥市绿怡小学"乐健足球"学科课程内容设置表

学期年级 课程内容		乐玩课堂		乐学课堂		乐竞课堂	
		足球意趣	足球增能	足球学技	足球育体	足球文化	足球竞技
一年级	上学期	持球接力游戏；踩球	"小仓鼠抢大米"游戏；拉球	"小小射手"游戏；拨球	"奥运火炬传递"游戏；跨球	知识课：足球运动小故事	"过独木桥"游戏；小场地 1V1 比赛
	下学期	踢球比准游戏；踩球	两人胸部夹球游戏；拉球	脚内侧夹跳比快游戏；拨球	踢球比准游戏；跨球	知识课：足球运动小故事	脚内侧踢球；小场地 1V1 比赛
二年级	上学期	"背身手传球接力"游戏；脚内侧踢球、接球	足球搬家游戏；脚内侧运球	带球跑接力游戏；小场地 1V1 比赛	"找朋友"游戏；脚背外侧运球	知识课：足球运动小故事	"不倒翁"游戏；小场地 2V2 比赛

课程内容\学期\年级		乐玩课堂		乐学课堂		乐竞课堂	
		足球意趣	足球增能	足球学技	足球育体	足球文化	足球竞技
	下学期	脚内侧夹球跳比快游戏；脚内侧踢球、接球	"橄榄球"游戏；脚内侧运球	头顶夹球合作游戏；小场地 1V1 比赛	三人围圈拉手运球游戏；脚背外侧运球	知识课：足球运动小故事	脚背外侧运球；小场地 2V2 比赛
三年级	上学期	带球跑接力游戏；踩、拉、拨、跨球	"背身传球接力"游戏；带球练习	两人合作背夹球游戏；小场地 2V2 比赛	脚内侧踢球；接球	知识课：足球运动小故事	抢球游戏；小场地比赛 4V4
	下学期	带球跑接力游戏；踩、拉、拨、跨球	"背身传球接力"游戏；带球练习	两人合作背夹球游戏；小场地 2V2 比赛	脚背外侧踢球；接球	知识课：足球运动小故事	抢球游戏；小场地比赛 4V4
四年级	上学期	游戏；脚背正面踢球	游戏；脚背正面运球	游戏；小场地比赛 2V2＋1	脚内侧踢球；接球	知识课：足球运动小故事	抢圈游戏；小场地比赛 5V5
	下学期	游戏；脚背正面踢球	游戏；脚背正面运球	游戏；小场地比赛 2V2＋1	脚背外侧踢球；接球	知识课：足球运动小故事	抢圈游戏；小场地比赛 5V5
五年级	上学期	游戏；脚背内侧踢球	抢球游戏；小场地比赛 2V2＋1	胸部接球（挺胸式）	1V1＋1 对抗；小场地比赛 5V5	知识课：足球运动小故事	小场地比赛 7V7＋1
	下学期	游戏；脚背内侧踢球	抢球游戏；小场地比赛 2V2＋1	胸部接球（挺胸式）	1V1＋1 对抗；小场地比赛 5V5	知识课：足球运动小故事	小场地比赛 7V7＋1
六年级	上学期	脚背外侧踢球；接球	脚内侧传接球；小场地比赛 4V4＋1	前额正面头顶球	运球练习；小场地比赛 5V5	知识课：足球运动小故事	小场地比赛 8V8
	下学期	脚背外侧踢球；接球	脚内侧传接球；小场地比赛 4V4＋1	跳起顶球	运球练习；小场地比赛 5V5	知识课：足球运动小故事	小场地比赛 8V8

第四节

让足球全面发展

体育锻炼重在"恒"，通过长期坚持不懈地锻炼，学生获得了身心愉悦的感受，越来越喜欢运动，又因为运动对身体不断的雕琢，最终享受到体育带来的好处。学校体育重在课堂，又不仅仅只是课堂。"乐健足球"学科课程为实现"以球健体，以乐促学"的课程理念，让学生能快乐学习、健康成长，从"乐健体育课堂""乐健课间与赛事""乐健课外活动""乐健运动家庭"四个方面推进，具体落实课程的实施。

一、夯实"乐健足球"课堂，为学科课程实施打好基础

课堂是教育第一线，是以体育学科知识教学和特色足球教学组合而成的部分，是落实学科育人目标的主阵地。为达成"以球健体，以乐促学"这一课程理念，我们通过在课堂教学中穿插足球教学，让每一位学生能接触足球，体验足球运动的快乐，增强学生团队意识，通过趣味、多元、高效的课堂学习，为乐健体育课程的实施打下坚实的基础。

（一）"乐健足球"课堂的基本要求

"乐健足球"课堂中教师会依据学生不同的兴趣和年龄的特点去选用教学内容，力求学生能喜欢并积极参与到学练中来，满足学生对知识的探求欲望；立足学生主体，尊重学生自我，让学生在自我练习中获得生成，达到提升；课堂教学是能让学生体验到快乐和趣味的地方，教师在课堂中为学生营造轻松快乐的氛围，课内学习的知识可以在课外进行延展，尊重学生的选择和需求，鼓励他们找寻自己擅长的运动并坚持不懈。

（二）"乐健足球"课堂的实施

"乐健足球"课堂是快乐的课堂。它依托学生的兴趣，注重学生个体情绪的体验，通过情境创设、动作模仿学练和同伴互助合作，激发学生参与学习的动力，让学生在充分感知中达成既定学习目标。

"乐健足球"课堂是灵活的课堂。考虑到不同学生的兴趣、年龄特征，教师运用灵活多样的教学方式调动学生学习的积极性。通过教师的精心设计和指导，促进学生自主地学习。学生学会学习的策略和方法，通过自身能动的学习活动，主动地完成知识的建构，形成技能、发展能力、完善人格。

"乐健足球"课堂是聚变的课堂。它是在教师的引领下，通过学生的参与去探求疑问，在学练对比中求好求变，最终生成新知识的课堂。课堂中充满生命活力，在和谐、平等的师生互动中，相互促进，共同进步。

"乐健足球"课堂是合作的课堂。它让学生学习的主动性和积极性增强，参与性提高，合作学习的方式强化了学生自己对学习的责任感和对自己同伴学习进展的关心。它体现学生对知识获取的渴望，能培养学生敏锐的问题意识、参与交往合作的精神、自我管理的能力。

综上所述，"乐健足球"课堂是快乐、自主、聚变、合作的课堂，身心健康是"乐健足球"课堂的核心关注点。

二、围绕"乐健足球"理念，坚持组织开展课间活动与足球训练

"乐健足球"激励每个学生参与学习，享受运动的快乐，而课间则为学生提供了运动机会。

（一）大课间活动

我校大课间主要由两操组成，"七彩阳光"和"校园韵律操"为学生舒展身体关节、调节个人情绪提供了平台，在有限时间里发展学生身体素质。

1. 时间安排：每周二至周五，冬季 9:25—9:45；夏季 8:35—8:55。

2. 组织保障。学校为保障大课间活动真正落到实处，成立了大课间领导小组，由校长担任组长。

3. 安全保障。学校给各班级划定活动区域，各班级在指定区域做操。活动中正副班主任进行现场指导，确保学生安全。

4. 大课间评价。学校大课间形成了以"校长巡视，中层领导分年级管

理，班主任主抓，大队部监督评比"的管理网，有严格的管理，明确的分工，可行的评价方案，切实保证大课间活动的持续发展。

（二）坚持走特色足球之路，紧抓足球校队开展长期训练

足球是我校特色，学校有校代表队，班级有足球兴趣小组。依托特色，我们建立了校园足球梯队，课余训练要求做到"五定"：定教练、定项目、定运动员、定训练时间、定期汇报。每周我们要训练 5 天，利用每天放学后 2 小时由教练带领队员进行足球技能训练，并做好日常训练记录。每学期我校都会积极组织队员参加市、区级组织的足球比赛，并获得了良好的成绩。

仅仅依靠校队训练是不够的，结合社会俱乐部团体，我们开展了低年级段学生兴趣足球代练。由俱乐部为学校低年级段学生进行足球技能训练，在我们提供的场地训练，由学校进行教和学之间的衔接管理，做好家校间的沟通联系。结合学校"足球节"活动，足球赛场为学习足球的队员们提供展示技艺的舞台，进而又吸引了更多对足球感兴趣的学生加入其中，让我校足球运动步入良性循环。

（三）紧抓体育社团，优化学生个体素质

丰富的社团活动为学生见识不同类型的活动提供了一个窗口，能吸引人、熏陶人、感染人，让学生在活动中发现与培养自己多方面的兴趣、能力和创造力，从而有效地促进学生身心健康的发展，为众多有足球爱好的学生们提供训练学习的机会，为学校储备参加活动的人才。

"乐健足球"课程紧抓社团活动，让学生在不同运动项目中获得运动体验，寻找适合自己而自身又喜欢的体育项目进行学练，力争让每个学生能学会一至两项体育运动，从而使他们认真参与练习，提升自身体育素养，形成相应的运动能力，再发展到生活中继续锻炼。我校体育类社团有花样跳绳、啦啦操、足球 1 和 2 队、羽毛球 1 和 2 队等，针对不同学段学生进行招生培养。社团活动科学有序，无论是内容、形式，还是课时安排都与游戏活动相结合，能循序渐进地提高学生身体素质和技术水平。

社团由学校负责组织，学校专职教师和外聘教师配合在每周三下午第二节课时间进行教学。课间由中层领导进行巡视，通过课堂拍照打卡进行监督记录。学期结束时，学校会进行社团学习成果展示，让每个参与社团活动的学生能展现自己的活动成果，吸引新的学生加入到后面的学习中来，让社团活动进入可持续发展状态。

三、开展各项体育赛事，激发学生锻炼热情

学校体育赛事可以让更多学生得到锻炼。结合"乐健体育"课程，学校组织开展多种形式的竞赛，如运动会、三跳比赛、创编操比赛、趣味游戏、足球赛等等，以班级团体参与为原则，目的在于增强师生和家长参与活动的兴趣和积极性，培养学生良好的参赛意识和健康生活方式，促进学生身心健康发展。

诸如足球联赛、点球大赛、颠球比赛等足球类赛事是我校每年各项赛事中的重头戏。每学年学校会组织各班级开展校园足球联赛，每逢此时，都会异常牵动全校师生的心：各班级都会成立足球队，由家长协助训练班队，着统一队服参加学校比赛。为进一步扩大影响，学校还开展了以足球为主题的系列活动，如唱足球、画足球、写足球、观足球、友队联赛等等，大大激发了学生们参与足球活动的热情，锻炼了学生身体素质和团队配合、协作精神，吸引了无数足球爱好者加入学习的行列。

每次学校的三跳比赛都会引起全校学生的锻炼热情。比赛有三项：跳小绳、跳大绳和踢毽子。当比赛通知传达到各班级后，学生就会根据自身情况展开针对性练习，或选小绳或踢毽子，利用课间时间在操场、走道积极锻炼，迎接班级"海选"，踢毽子获胜选手通常都是各班级的"足球能手"。取得比赛权后，他们更会利用一切空余时间练习，希望取得好成绩，进一步为班级争光。跳大绳是集体项目，班级中 5 位男生和 5 位女生组队跳绳，由老师和家长负责摇绳。比赛把老师、家长和学生紧密联系到了一起，在班主任老师统筹安排下，大家利用课余时间进行家长摇、学生跳的配合练习，为年级大绳比赛做好充分准备。比赛时，师生和家长齐心协力、目标一致，为获胜而努力的场面把赛场气氛推向高潮。在比赛环节中，为了战胜对手，取得优异的运动成绩，班集体团结一心，学生的体能、心理和运动能力等方面都得到了锻炼和提升。

四、发动"乐健运动家庭"，鼓励孩子和家长一起运动

家庭运动是学校运动的延伸和补充，让学生和家长一起运动，既是对学

生和家长相互间运动的促进，也是让学生对课堂学习内容的复习和提升。针对学校开展的各项活动，教师会不定时发布练习任务： 学生进行项目练习，家长进行帮助配合。在家长的帮助和监督下，学生技术练习越来越熟练，成绩越来越理想。在学生的带动下，家长们也逐渐加入到锻炼热潮中来。

和家长一起进行的运动中，学生最喜欢的是一家人散步、踢球、骑车或远足。当家庭共做一项运动练习时，一家人都动了起来，既增加了亲子陪伴的时间，也提高了家庭成员的身体素质，聚集了家庭成员间更多的亲密感，获得身心方面的愉悦体验。

实施"乐健足球"课程学习的过程中，以足球为载体，学校开展了多种类的校园活动，教师根据学生的年龄和生理特点，分别把运球、传球、颠球、带球、顶球、射门等基础足球技能的学习，融入体育游戏与教学之中，提高学生参与足球活动的兴趣，让每一个学生都参与到足球运动中来，足球知识与技能得到普及，还促进了学生体质健康，形成了健康向上的意志品质和团结协作、公平竞争的意识，从而落实了育人目标。学生利用学到的足球技能，去赛场上争抢拼搏，"锻造"出强大而健康的身心，也为未来指引方向。

学校自 2005 年开始开展足球运动后，组织了丰富多彩的足球活动，积极参加了市区级的各种比赛，获得了诸多殊荣。 2007 年 10 月，获合肥市中小学生足球比赛第三名； 2009 年 10 月，获全国青少年校园足球活动布局学校； 2010 年 4 月，获合肥市校园足球联赛三等奖； 2010 年 4 月，获合肥市校园足球联赛优秀组织奖； 2010 年 4 月，获合肥市校园足球联赛优秀网站城市空间建设奖； 2010 年 7 月，获合肥市中小学生足球比赛第一名； 2010 年 7 月，获安徽省中小学生足球比赛第二名； 2010 年 12 月，获合肥市校园足球联赛优秀学校三等奖； 2011 年 5 月，获合肥市校园足球联赛优秀组织奖； 2011 年 5 月，获合肥市校园足球联赛丙组一等奖； 2011 年 6 月，获合肥市校园足球联赛优秀网站城市空间建设奖； 2011 年 7 月，获"彩虹杯"中日韩三国足球邀请赛第四名； 2011 年 8 月，获合肥市中小学生足球比赛第三名； 2012 年 5 月，获合肥市校园足球联赛乙组一等奖； 2012 年 6 月，获合肥市校园足球联赛优秀组织奖； 2012 年 7 月，获杭州富春江足球邀请赛二等奖； 2013 年 5 月，获合肥市校园足球联赛甲组三等奖； 2014 年 5 月，获合肥市校园足球联赛乙组三等奖； 2015 年 5 月，获合肥市校园足球联赛丙组二等奖； 2015 年 8 月，获合肥市中小学生足球比赛第八名； 2016 年 6 月，获蜀山区中小学足球联赛男子甲组第四名、女子组第四名； 2017 年 6 月，获蜀山区中小学足球联赛男子甲组第三名、男子乙组第四名、女子甲组第三名、女子乙组第四名； 2018 年 7 月，获蜀山区中小学足球联赛男子甲组第二名、女子甲组第四名、男子甲组二队第八名； 2019 年 5 月，获合肥市中小学足球联赛男子甲组第八名、混合组第三名； 2019 年 6 月，获蜀山区中小学足球联赛男子甲组第四名、混合组第三名。

（撰稿人： 吴秀薇、陈亚洲、江雪冰、刘飞、姜其园）

第五章

轮滑让孩子们在飞驰中放飞梦想，让他们的激情通过小小的轮子释放。你看，他们有的像轻盈的燕子，动作敏捷地在人群中穿来穿去；有的像起舞的蝴蝶，身子忽上忽下地做着各种优美的动作！轮滑，唤醒脚尖的精灵，释放禁锢的身体，伴随动感的节奏，在灵动中启迪智慧。

灵动轮滑：
在灵动中启迪智慧

合肥市十里庙小学位于长江西路 664 号，坐落于合肥市长江西路与二环路十字路口，交通便利，学校背依碧波荡漾的董铺水库和风景秀丽的植物园边，环境优美。学校占地面积近 15 000 平方米，有 2 幢教学楼， 1 幢综合楼，所有教室均配备现代化的液晶一体机教学设备，拥有标准科学实验室、图书室、阅览室、美术教室、音乐教室、舞蹈房、广播室、多媒体室、宽带网络计算机室等 10 多间专用室，标准塑胶跑道， 2 个标准篮球场， 2 个室内乒乓球室，学校教育教学硬件设施齐全。

学校体育教研组，现有教师 6 人，其中一级教师 2 人，二级教师 3 人。我校体育教育以教研组为单位落实教育教学研究，开展常态教研活动，充分发挥团队合作的力量，积极参加合肥市、蜀山区各级各类教育教学活动与培训，使每位体育老师都能够找到一套属于自己的教学方式，体育课深受学生们的喜爱。特别是近几年我校以轮滑为主进行体育特色课程建设，取得了可喜可贺的成绩。通过轮滑课程学习，学生不仅锻炼了身体，还培养了孩子们的敏捷的身体反应能力，锻炼了他们的毅力以及团结合作的友爱精神。

第一节

灵动轮滑的精髓

一、学科价值追求

如今的社会，科学技术迅猛发展，经济日益全球化，人类社会的物质文化生活水平从整体上有了很大提高，但是，现代生产和生活方式造成孩子们的体育活动减少、心理压力增大，对人类健康造成了日益严重的威胁。人们逐渐认识到，健康不仅仅是指没有疾病，而且是在身体、心理、社会发展方面都保持完美的状态。人类比以往任何时候都更加关注自己的健康状况和生活质量。由于国民的健康对国家的发展、社会的进步和个人的幸福都至关重要，而体育课程又是增进国民健康的重要途径，因此，教育部门都高度重视体育课程建设。

《义务教育体育课程标准（2011 年版）》指出：体育与健康课程是一门以身体练习为主要手段、以增进中小学生健康为主要目的的必修课程，是学校课程体系的重要组成部分，是实施素质教育和培养德智体美全面发展人才不可缺少的重要途径。它是对原有的体育课程进行深化改革，突出健康目标的一门课程。体育学科课程关注的核心是满足学生的需要和重视学生的情感体验，促进学生全面发展、健康成长。从课程设计到评价的各个环节，始终把学生主动、全面的发展放在中心地位。在注意发挥教学活动中教师主导作用的同时，特别强调学生学习主体地位的体现，以充分发挥学生的学习积极性和学习潜能，提高学生的体育学习能力。[①]

---

① 中华人民共和国教育部. 义务教育体育与健康课程标准（2011 年版）［S］. 北京：北京师范大学出版社，2012：2.

二、项目课程理念

我们认为，轮滑课程的核心价值是基于学生，为了学生，真正以学生的发展为出发点和最终归宿。我们打造了"灵动轮滑"的特色课程。"灵"指"反应敏捷、聪明"，亦可指"灵魂、心灵"；"动"指"活力"，亦指"变化、发展、时时都在萌生新的东西"。可见"灵动"一词可理解为"机智、活力、创新"；《现代汉语词典》将"灵动"一词释为"活泼不呆板，富于变化"。"让课程真正触及人的内心和灵魂，激发人的灵性，从而实现自我成长，最终成为最好的有个性的自己"是灵动轮滑的重要理念，是学生终生体育发展的目标。根据《义务教育体育课程标准（2011 年版）》文件精神，结合我校实际以及体育学科的基本情况，我们提出灵动轮滑的核心理念为： 在灵动中启迪智慧。

"灵动"是教育的返璞归真。我校构建"灵动轮滑"项目的规划与实施，试图通过体育项目的建设，改变学生呆板懒散、被动模仿的学习状态。"灵动轮滑"是教师在教学上产生的一种特有的课堂体现，它是一种鲜活、生动、高效，又富有激情和创造性的课堂教学模式。"灵动轮滑"遵循"健康第一"的指导思想，强调以学生发展为中心，重视学生的情感体验和学习兴趣，使学生在充满灵气、活力、生机的课堂教学氛围中，灵活地学习，充分地运动，不断彰显教育智慧，以此促进师生的共同生长。

第二节

轮滑让学生更健康

新课程标准要求我们必须坚持"健康第一"的指导思想，促进学生健康成长；激发学生运动兴趣，培养学生终身体育的意识；以学生发展为中心，把艺体 2＋1 落到实处，开展阳光体育活动，重视学生的主体地位；关注个体差异，确保每一个学生受益。通过体育课程的学习，学生不仅能掌握一定的体育文化知识，而且能够锻炼学生体质，启迪学生智慧，有助于他们形成积极健康的生活方式和乐观向上的人生态度。

一、特色项目目标

依据新课程标准和学校轮滑课程实际情况，我校体育教研组提出"在灵动中启迪智慧"的课程核心理念。灵动轮滑特色项目总体目标如下：了解轮滑的文化意蕴，掌握基本的轮滑基本知识和动作技能，在轮滑课中逐渐强健体质，掌握灵活敏捷的动作，释放运动的热情，体验团队精神，并在团队中勇敢面对困难，提高学生自信、自强的意志品质。

我校依据《义务教育体育课程标准（2011 年版）》以及我校"灵动轮滑"课程总体目标，制定了"灵动轮滑"学科课程年级目标如下（详见表 5 - 1）。

表 5 - 1　合肥市十里庙小学"灵动轮滑"特色项目年段目标设置表

目标	学生水平总体目标	学生应达到的具体目标
水平一	运动参与和运动技能： 1. 具有积极参与体育活动的态度和行为。 2. 学习和应用运动技能。 身体健康和心理健康： 1. 形成正确的身体姿势。 2. 发展体能。 3. 具有关注身体和健康的意识。 4. 形成克服困难的坚强意志品质。 社会适应： 建立和谐的人际关系，具有良好的合作精神和体育道德。	1. 培养轮滑兴趣，养成良好的课堂习惯。 2. 在轮滑课中做出简单的滑行动作。 3. 做出轮滑运动项目中的简单动作，说出轮滑简单基本动作要领。 4. 努力改正不正确的轮滑滑行姿势及简单技术。 5. 学习蹬滑技巧，完成各种蹬滑动作。 6. 手脚协调运用，做出正确的蹬摆滑行技术。 7. 说出正确的发力顺序并能正确地完成动作。 8. 体验并简单描述轮滑运动中进步或成功时的心情或体验并简单描述退步或失败时的心情。 9. 在陌生的场地进行轮滑活动和游戏。与陌生的同伴一起参加轮滑活动和游戏。 10. 比较并尝试说出与他人一起进行轮滑活动和独自活动的区别。 11. 能合理使用学校轮滑运动场地或设备，在轮滑教师的指导下从事发展柔韧性的各种动力性练习。 12. 不妨碍他人参加轮滑运动，在轮滑运动中表现出对他人的尊重和关心。
水平二	运动参与： 1. 具有积极参与体育活动的态度和行为。 运动技能： 1. 获得运动基础知识。 2. 学习和应用运动技能。 3. 安全地进行体育活动。 身体健康： 1. 形成正确的身体姿势。 2. 发展体能。 3. 具有关注身体和健康的意识。 心理健康： 1. 了解体育活动对心理健康的作用，认识身心发展的关系。 2. 正确理解体育活动与自尊、自信的关系。 3. 学会通过体育活动等方法调控情绪。 4. 形成克服困难的坚强意志品质。 社会适应： 1. 建立和谐的人际关系，具有良好的合作精神和体育道德。	1. 向同伴或家人展示学会的简单轮滑滑行动作。 2. 说出轮滑滑行时的注意事项，并正确地滑行。 3. 做出轮滑运动中的简单组合动作，学会在轮滑运动中保护自己。 4. 知道不按轮滑规则运动和游戏会导致身体受到伤害。 5. 知道在安全的环境中做轮滑运动和游戏。 6. 在日常生活中能够运用正确的姿势滑行，并能说出正确的轮滑动作。 7. 通过多种游戏发展动作的灵敏性、跳跃能力、平衡和协调能力。 8. 体验参加不同轮滑项目运动时的心理状态，如紧张、兴奋等，体验体育活动中身体疲劳时的心理感受。 9. 在轮滑体育活动中努力展示自我，对轮滑体育活动表现出较高的热情。 10. 体验并说出个人在参加轮滑团队游戏时的感受，知道在轮滑集体性活动中如何与他人合作完成活动任务。

目标	学生水平总体目标	学生应达到的具体目标
水平三	运动参与： 1. 具有积极参与体育活动的态度和行为。 运动技能： 1. 获得运动基础知识。 2. 学习和应用运动技能。 3. 安全地进行体育活动。 身体健康： 1. 形成正确的身体姿势。 2. 发展体能。 3. 有关注身体和健康的意识。 4. 懂得营养、环境和不良行为对身体健康的影响。 心理健康： 1. 了解体育活动对心理健康的作用，认识身心发展的关系。 2. 正确理解体育活动与自尊、自信的关系。 3. 学会通过体育活动等方法调控情绪。 4. 形成克服困难的坚强意志品质。 社会适应： 1. 建立和谐的人际关系，具有良好的合作精神和体育道德。 2. 学会获取现代社会中体育与健康知识的方法。	1. 主动观察和评价同伴的轮滑运动动作，示范所学的轮滑运动动作。 2. 知道轮滑比赛中的运动技术术语。 3. 学会观看现场轮滑比赛和表演，学会观看电视中轮滑比赛和表演。 4. 熟练掌握轮滑运动中的多种动作技能。 5. 初步掌握两三套轮滑常用动作及技战术。 6. 了解安全的轮滑运动方法，如穿着合适的轮滑装备、运动及比赛时用正确的姿势、摔倒时的自我保护方法等。 7. 在日常学习和生活中保持正确的身体姿势，正确应对轮滑运动中遇到的粗暴行为和危险。 8. 练习各种轮滑平衡动作，进行各种有节奏的轮滑动作练习。 9. 知道进行轮滑活动时必须注意的营养卫生常识，体验身体健康变化时注意力、记忆力、情绪、意志等的不同表现。 10. 了解不良情绪对轮滑运动的影响，了解轮滑运动对产生良好情绪的作用。 11. 在教师指导下敢于做未曾完成的轮滑动作，做有一定难度的动作等。 12. 轮滑运动中尊重与关爱运动能力弱的同伴。 13. 积极参加学校以外的轮滑训练及比赛。

第三节

多彩灵动的轮滑课程

一、学科课程结构

为实现上述目标，贯彻《义务教育体育课程标准（2011 年版）》的要求和内容，我校将"灵动轮滑"课程分为灵动课堂、灵动社团、灵动赛事、灵动大课间和灵动生活五大板块（详见图 5 - 1）。

图 5 - 1　合肥市十里庙小学"灵动轮滑"课程结构图

二、项目课程设置

"灵动轮滑"中的基础型课程根据国家规定开设，轮滑特色课程设置如下（详见表 5 - 2）。

表5-2 合肥市十里庙小学"灵动轮滑"特色课程设置表

年级	课程分类及名称				
	灵动课堂	灵动社团	灵动大课间	灵动竞赛	灵动生活
一年级	1. 轮滑基本知识 2. 滑操,身体平衡和腿部力量训练 3. 刹车及转弯,避险意识培养	1. 穿戴装备,动手能力培养 2. 游戏,兴趣培养及提高竞争意识	1. 轮滑操 2. 体能训练	1. 学习穿、脱轮滑鞋,穿、脱鞋子比赛 2. 摔跤与起立(穿轮滑鞋)、摔跤比赛	家长带领下在室外场地进行轮滑训练
二年级	1. 轮滑基本知识 2. 刹车及转弯,避险意识培养	1. 双脚交替推,滑行感培养 2. 游戏,兴趣培养及提高竞争意识	1. 轮滑操 2. 体能训练	1. 双脚交替滑行比赛 2. 刹车比赛	家长带领下在室外场地进行轮滑训练
三年级	1. 弯道交叉步训练 2. 身体重心转移滑行 3. 各种起跑姿势、反应训练 4. 蹬摆滑行训练	1. 30米专项热身操 2. 游戏,兴趣培养及提高竞争意识	1. 轮滑操 2. 体能训练	1. 蹬摆滑行比赛 2. 起跑比赛 3. 100米滑行比赛	家长带领下在室外场地进行轮滑训练
四年级	1. 专项身体素质训练(速度、耐力、灵敏、反应、柔韧等) 2. 长距离滑行,耐力训练	长距离滑行,耐力技巧训练300米、1000米、5000米、10 000米比赛实战训练	1. 轮滑操 2. 体能训练	1. 3000米接力比赛 2. 5000米、10 000米积分淘汰赛	了解3000米接力、5000米、10 000米积分淘汰赛规则及技战术、观看影视视频。
五年级	1. 轮滑球脚下滑行训练(正滑、倒滑、压步、刹停、疾跑) 2. 杆上技术训练(拨球、带球、传接球、射门)	1. 守门员技术培训 2. 简单基本跑位	1. 轮滑操 2. 体能训练	1. 正滑、倒滑、拨球、带球、打门比赛 2. 三点、多点拨球、2人传球、3人传球练习、轮滑球比赛	了解300米、500米、1000米速度轮滑规则及技战术、观看影视视频。
六年级	1. 滑行提高训练(正滑、倒滑、压步、刹停、疾跑) 2. 杆上技术提高训练(拨球、带球、传接球、射门)	1. 守门员技术提高训练 2. 战术跑位 3. 实战比赛	1. 轮滑操 2. 体能训练	1. 1打0战术训练、比赛 2. 1打1战术训练(合理利用身体背打和自身身体掩护进攻打门)、比赛 3. 3打2战术训练、比赛	组织轮滑夏令营活动

第四节

让轮滑走进学生生活

"灵动轮滑"要求体育课程目标灵动科学、内容灵动有趣、教法灵动有效、学法灵活多变。"灵动轮滑"的实施主要体现在搭建平台、创设意境、捕捉火花、发现契机、利用细节、呵护个性、健康发展这几个方面。我们认为，只有构建以学生为主的灵活的实施模式，才能让轮滑教育教学在学校课程建设中更有生命力地成长。

一、构建"灵动课堂"，推进灵动轮滑课程的实施

（一）"灵动课堂"的内涵和实践

灵动轮滑的体育课堂教学就是一种鲜活、生动、高效，又富有活力和创造性的课堂。灵动轮滑的体育课堂应该包括以下内涵：

1. 目标——灵动科学：体育教学目标是人们为达到体育教学中的身体健康、体育技能及体育知识增强的目的，在行动过程中设立的各个阶段预期成果，经过师生双方努力后所要达到的目标和要完成的任务。教学目标不仅支配着教学的全过程，也是评价一节好课的依据。灵动体育教学目标依据学科课程标准、教学内容、学生情况而科学设置，凸显目标的发展性、具体性特征。灵动轮滑一方面需教师深入研究学生和教材，在反复的课堂实践中科学预测学生的发展水平，在两者之间的差距中设置教学目标。另一方面还要考虑教师自身的教学水平、风格，让个性发展的目标建立在教师个性的改变和对学生认识的基础上。灵动体育教学目标应从要素完整、指向对象明确、表述方法恰当、语言运用精准上体现目标的具体化。

2. 内容——灵动有趣： 要保证体育课堂有效达成教学目标，必须精选有效的教学内容。新课程改变了传统体育忽视学习兴趣，只重视技能技术传授的弊端，在教学内容上给予一定的弹性。对常规的教学内容不作细化规定，增添适合大部分学生学习、锻炼的项目，重视民族传统体育和地方体育，使教学内容具有多样性和实用性。体育教师也从原来教学内容执行者的角色，转变为教学内容的设计者和制订者。灵动轮滑的教学内容，灵动有趣，吸引学生，适合学生，使学生乐意参与，不断感受运动的快乐，从而为终身体育锻炼打下良好基础。

3. 教法——灵动有效： 教学方法是灵动体育课堂的关键要素。教学方法的应用和选择会影响目标的达成。灵动体育灵活、艺术地运用各类教法，实施智慧教学，让课堂动态生成，彰显灵动魅力。

4. 学法——灵动多变： 学习是一种过程性的活动。体育学习更是一个循序渐进的过程，从观察动作到模仿动作再到熟练动作，学生的学习方法是否有效决定了这个学习过程的长短和掌握技术动作的快慢。也就是说，学习方法决定了学习效率。灵动体育针对小学生身心发展特点，设计灵活多变的学习方法供学生选择，引导学生体验不同的学习方法，让学生在教师指导下主动、有效地学习。

（二） 制定灵动课堂的评价标准

根据《义务教育体育课程标准（2011 版）》，按照"灵动体育"的课程目标，我们制定了切合我校特点和学生发展需求的灵动轮滑课堂实施纲要，形成一致的灵动轮滑课堂教学标准，具体内容如下（详见表 5-3）。

表 5-3 合肥市十里庙小学"灵动轮滑"课堂教学评价标准

指标	教师	学生
教学目标	1. 符合课程标准，反映教学的层次性。 2. 符合学生实际的水平。 3. 三维目标有机组合，自然落实。	1. 目标符合要求。 2. 增强兴趣，多数学生能接受。 3. 多方面学习需求得到满足。
教学过程	1. 教学结构合理，知识与技能的内容定位正确，能与学生的经验相联系。 2. 因材施教，充分体现学生的主体性。 3. 创设良好的教学情景与氛围，能充分调动学生的学习。	1. 积极和主动投入到轮滑的学习与探究。 2. 学习兴趣浓厚。 3. 思维活动充分展开，在学习与训练的过程中团结协作。

指标	教师	学生
教学策略	1. 组织严密，形式多样，活而不乱。 2. 能充分利用学生的生活经验和知识储备。 3. 面向全体，提供足够的探究时间与空间，重视教学的延续性。	1. 学生有强烈的知识探究欲望。 2. 学生知识内化明显，掌握一定的学习和解决问题的方法。 3. 不同层次学生能感受到成功的快乐，有创新意识与行为。
教学效果	1. 教学目标达成情况好。 2. 学生学习兴趣浓。	1. 学生有成功的体验。 2. 掌握知识、方法，发展能力，提高学习兴趣。
综合评价		

二、创设"灵动轮滑"社团，让学生快乐幸福地成长

（一）"灵动轮滑社团"的内涵与实施

灵动轮滑社团既是学校校园文化建设的重要载体，更是学生体育学习活动的一种有效形式。我校从以下几点开展体育"灵动社团"活动。

灵动轮滑社团以培养创新精神、实践能力为重点，促进学生全面发展，丰富学生的课余生活，让不同学生在不同的领域有不同的发展，让每个学生获得成功的体验，从而做到"乐学"。

完善灵动轮滑社团活动兴趣的开展，以学生的自主性，提高学生的积极性，鼓励学生的创造性，力求活动的成效性，使"灵动轮滑社团"的开设与开展逐渐成为我校素质教育亮丽的窗口。

根据我校的实际情况，本着"活动应丰富多彩，富有吸引力；充分发挥学生的积极性主动性；课堂教学和课外活动互相配合，互相促进；符合学生的年龄特征，照顾学生的兴趣和特长"的原则，切实减轻学生学习负担，在活动中学习，在活动中进步，并结合学生的年龄特征、心理特征及兴趣爱好，我校安排的体育社团活动项目如下：基础轮滑、速度轮滑、轮滑球、竞技轮滑、轮滑阻拦等。

（二）"灵动轮滑"社团的评价要求

灵动轮滑社团的评价体系是一种多元的评价体系，评价标准从单向转为多向，目的在于增强评价主体间的互动，建立教师、家长和学生共同参与、交互作用的评价制度。

1. 反思式的学生自评。反思的过程是学生自我认识的过程,它能促进学习的深化,培养学生自我评价的能力。学生感受他人对自己的评价后,进行自我反思,总结成功经验,反思不足之处,从而及时调整自己的行为。

2. 综合性的教师个评。教师对学生的形成性评价往往伴随着学生在整个社团的学习过程。在学生自评、互评的基础上,教师及时进行有针对性的评价也是有必要的。

3. 鼓励性的家长评价。家长评价着重对学生家庭表现的评价。在评价过程中,家长的参与十分重要,因为家长和教师一样,关注着学生的言行,关注学生的成长。在日常社团生活以外的时间,教师可采用问卷调查、家校联系卡、电话等方式及时与家长联系沟通,从而有效利用好家长资源,以评价促发展。

我们制定了"灵动轮滑社团"课程评价表如下(详见表5-4)。

表5-4 合肥市十里庙小学体育"灵动轮滑社团"课程评价表

评价内容	评价标准	评价结果(★级评价, 1—3★)	
实践能力	1. 了解本课程的相关知识	1. 能参与搜集资料。★ 2. 积极主动搜集资料。★★ 3. 积极主动搜集并能向大家介绍搜集的资料。★★★	
	2. 对课程的兴趣及参与程度	1. 有兴趣,动手参与。★ 2. 很有兴趣,主动参与。★★ 3. 兴趣浓厚,积极参与。★★★	
	3. 参与交流、合作	1. 能够参与。★ 2. 主动参与并完成任务。★★ 3. 积极参与,主动与人交流、合作。★★★	
	4. 掌握课程中所学的基本知识与技能	1. 基本掌握。★ 2. 掌握较熟练。★★ 3. 熟练掌握并会运用。★★★	
合作交流	1. 帮助同学	1. 有帮助同学的意识。★ 2. 能够帮助同学。★★ 3. 积极主动帮助同学。★★★	
	2. 倾听同学的意见	1. 能倾听同学意见。★ 2. 倾听同学意见并分享自己的体会和感受。★★ 3. 倾听同学的意见,并能受到启发,表达自己的见解。★★★	
	3. 与人合作、团结同学的意识	1. 有与人合作、团结同学的意识。★ 2. 主动参与合作,能够团结同学。★★ 3. 积极参与合作,主动团结同学。★★★	

评价内容	评价标准	评价结果（★级评价，　1—3★）	
情感态度	1. 参与活动及表现	1. 能够参与活动，完成学习任务。★ 2. 主动参与活动，表现较积极。★★ 3. 参与活动有热情，表现积极主动。★★★	
	2. 提出活动的设想、建议	1. 有活动的设想、建议。★ 2. 主动提出活动的设想、建议。★★ 3. 主动提出活动的设想和建议，有自己的想法。★★★	
	3. 克服困难和挫折的能力	1. 有克服困难和挫折的意识。★ 2. 能主动克服困难和挫折。★★ 3. 积极主动克服困难和挫折。★★★	
在家庭中表现	1. 完成课前准备任务	1. 参与准备。★ 2. 积极准备。★★ 3. 积极参与，准备充分。★★★	
	2. 向父母展示并介绍自己的学习成果	1. 能够展示并介绍自己的学习成果。★ 2. 主动展示并较为完整地介绍自己的学习成果。★★ 3. 积极展示并完整介绍自己的学习成果，抒发自己的见解或体会。★★★	
	3. 利用课余时间学习，补充感兴趣的学习内容并向家长分享自己的感受	1. 能够参与。★ 2. 积极参与。★★ 3. 积极主动，表现出色。★★★	

三、做好"灵动大课间"，落实灵动轮滑课程

"灵动大课间"是基于国家课程，在学校灵动教育课程思想统领下设置的课程，根据学校和学生的实际情况，开展的形式多样、主题突出、不落俗套、寓教于乐的大课间活动。

（一）"灵动大课间"的课程内容

"灵动大课间"结合我校体育课程项目，形成了我校特有的"灵动大课间"体育文化。

我校把"灵动大课间"活动时间、项目等列入课表，切实保证学生在校每天有一个小时的体育活动时间。我校根据季节不同，"灵动大课间"的活动项目也有所区别。春、夏、秋季，分上午、下午两个时间段进行，周二至周五上午9：00—9：30进行"两操"活动，即第三套广播体操"七彩阳光"、十小创编操"珠算操"，并进行轮滑基本动作练习。11：10—11：15进行眼保健操；周一至周五下午第一节课后，进行眼保健操。冬季"阳光大课间"活

动，分上午、下午两个时间段进行，周二至周五上午 9：00—9：30 进行"阳光体育跑"运动、我国各民族传统项目活动（踢毽子、跳绳、拔河）、轮滑专项体能训练；11：10—11：15 进行眼保健操；周一至周五下午第一节课后，进行眼保健操。这样，每个孩子都能找到自己喜欢的运动项目，积极地参与到活动中去，还能促使每一位学生都能以健康的心理、强健的体魄、高昂的热情投入每一天的校园学习生活。

（二）"灵动大课间"课程的评价

"灵动大课间"课程的评价采用多途径、多手段、多形式的课程评价方式方法，评价原则具体体现在：（1）灵动大课间课程学生参与人数多、组织有序、安全守纪，爱护公物。（2）灵动大课间程内容的形式多样、丰富新颖、具有创造性。（3）灵动大课间课程的成效性、自我能力的提高、社会的认同感等方面。基于以上评价原则，我们制定了"灵动大课间"课程学生成果评价表如下（详见表 5-5）。

表 5-5　合肥市十里庙小学"灵动大课间"课程学生成果评价表

评价项目		评价标准	评价结果			
			A	B	C	D
课程内容	学生参与率	各班参与学生达到 90% 以上				
	组织有序	队伍整齐、安静、不混乱				
	安全守纪	学生遵守学校安全职责				
	爱护公物	保护公共设施、保持景区整洁				
	内容形式	内容丰富、新颖、具有创造性				
课程成效	自我能力提高	实践能力增强、审美能力提高、合作能力加大、思想教育加深				
	社会认同感	活动形式成效得到人们的公认赞誉				

四、开展"灵动竞赛"，检验课程实施的成效

"灵动竞赛"是学校内外各种轮滑运动项目进行比赛的总称，以学生参与为主，根据比赛规则的要求，进行个人或集体的体力、智力、心理和技艺的竞争。竞赛是实现学校体育目的、任务的基本途径之一，是学校体育教学和运动训练的重要方法，也是学校推进轮滑体育运动广泛开展、增强学生体质和提高运动技术的重要措施和途径。

（一）"灵动竞赛"的实施

我校的"灵动竞赛"分为校内赛事和校外赛事：

1. 校内"灵动竞赛"，班级轮滑交流赛、校园轮滑邀请赛、自由式轮滑比赛，轮滑文化节，这些比赛得到学生、家长、社会的一致好评。

2. 校外"灵动竞赛"，如 2017 年安徽省速度轮滑（场地）邀请赛（8 月 18 日）， 2017 年 11 月安徽省轮滑球锦标赛， 2018 年山东省第三届轮滑运动大会（第十五届速滑比赛）（8 月 24 日）， 2018 年蜀山区第三届青少年速度轮滑锦标赛（5 月 11 日）， 2018 年 4 月 29 日中国（北戴河）青少年轮滑球公开赛， 2019 年安徽省第三届休闲体育大会轮滑比赛， 2019 年全国中小学生轮滑锦标赛， 2019 年合肥市中小学生"阳光体育运动"等，我校轮滑比赛成绩斐然， 2020 年更是获得全国青少年冰雪运动学校称号。

教师根据学生年龄、兴趣、特长选择不同的轮滑项目，每天通过课后开设基础轮滑、花样轮滑、速度轮滑、轮滑球等多个项目的训练，定期开展校内轮滑方面的小型比赛促进训练成效，以此来激发学生的兴趣，增强技能水平，培养学生吃苦耐劳的精神以及良好的心理素质，促进他们德、智、体全面发展。

我校的灵动竞赛训练有固定的活动场所和活动时间，每周一、二、四、五下午的第二节课后进行训练。教师根据轮滑项目特点，循序渐进，合理安排训练。学生根据自己的爱好、兴趣自愿报名，自主选择项目速滑、轮滑球，老师再根据项目要求对学生进行选拔。每天训练时间大概在 60—80 分钟（中间有间歇时间），这对小学阶段的学生来说，时间安排科学合理，符合学生的身体发展规律，学生能高效主动地投入到训练中。

竞赛是校园文化隐性课程的重要组成部分，也是孩子们展示自己个性才华和检验专项技能的有效舞台。孩子们通过比赛、表演能更加自信、阳光、向上。为了保证竞赛表演活动的有效性，我校"灵动竞赛"每年都会按年龄分组开展速度轮滑（场地）竞标赛及轮滑球表演赛两项比赛。

积极组队参加国家、省、市级中小学轮滑比赛，能让学生通过比赛展示自己的才能，认识自身价值，追求人生目标，这对于学生来说是一件无比光荣的事情，赛事安排表如下（详见表 5 - 6）。

表 5 - 6　合肥市十里庙小学"灵动竞赛"赛事安排表

赛事名称	参与对象	时间安排
1. 班级轮滑交流赛（速滑）	1—6 年级	1 月份
2. 校园轮滑邀请赛（轮滑球）	1—6 年级	5 月份
3. 自由式轮滑表演赛	4—6 年级	10 月上旬
4. 轮滑文化节	1—6 年级	11 月下旬
5. 校外各级比赛	校代表队	待定（根据比赛级别相应安排）

（二）"灵动竞赛"的评价要求

灵动竞赛的评价体系是一种多元的评价体系，评价标准从单向转为多向，目的在于增强评价主体间的互动，建立教师、家长和学生共同参与、交互作用的评价制度。

1. 反思式的学生自评。轮滑训练竞赛后的反思过程是学生自我认识的过程，它能促进多维目标的深化，培养学生自我评价的能力。学生通过他人对自己的评价后，进行自我反思，总结成功经验，反思不足之处，从而及时调整自己的行为。

2. 综合性的教师个评。教师对学生的形成性评价往往伴随着学生整个的学习过程。每次训练后、赛后，教师在学生自评、互评的基础上，及时进行有针对性的总结评价。

3. 积极倡导家长评价。家长评价着重对学生在轮滑学练活动家庭表现的评价。在评价中家校互动关注着学生的思想和言行，关注学生的成长。在日常训练以外的时间，教师可采用问卷调查、家校联系卡、电话等方式及时与家长联系沟通，得到家长的支持与帮助，"灵动竞赛"评价如下（详见表 5 - 7）。

表 5 - 7　合肥市十里庙小学"灵动竞赛"评价表

赛事名称		赛事类别	
赛事地点		赛事时间	
评价项目	评价要素		得分
赛事保障（20分）	做好计划、预算，各项经费有保证。（5分） 场地、器材标准，设施安全，管理制度完备。（5分） 人员分工合理，及时到位工作。（5分） 医务、安全保卫、水电等后勤保障工作到位。（5分）		

评价项目	评价要素	得分
赛事组织 （30分）	赛前准备工作充分：购买赛事保险，方案规程合理，场地布置到位，竞赛秩序安排和秩序册编排合理，发放及时到位。（10分） 赛事举办有序，各部门协调配合，风险防范工作到位，应急情况处理及时。（15分） 赛事表彰公平、公正，奖励发放及时，相关文件归档。（5分）	
赛事效果 （30分）	对学校师生产生有益影响，能有效提升学校知名度。（5分） 师生参与度高，对提高团队精神、增强师生健身意识、发展学生体能有促进作用。（10分） 促进学校体育工作，有利于运动员训练，能检验学生运动技能水平，促进体育课程及课外体育活动工作。（10分） 促进校园体育文化建设。推广赛事理念，培养师生体育精神，遵守体育道德，培养公平竞争精神。（5分）	
宣传报道 （10分）	能利用校园网、新闻媒体、学校微信公众号、班级家长群等信息平台及时进行赛前宣传、赛后报道，且影响良好。（10分）	
总结反思 （10分）	赛后及时总结赛事经验，定位发展方向，检验实施效果。（10分）	

五、拓展"灵动生活"，巩固学生轮滑锻炼的兴趣与习惯

"灵动生活"锻炼指学生在课余时间里运用各种体育锻炼方式，以增强体质，促进轮滑技能为目的的身体锻炼活动。

国家教委在《学校体育工作条例》《中小学生体育合格标准》中明确规定，"必须保证学生每天有一小时体育活动时间；中小学生参加课外体育活动每周不少于两次"。这说明国家对中小学课余体育锻炼的开展和学生参加课余体育锻炼时间与频率等越来越重视，因此要实现这一目标，"灵动生活"无疑是每天锻炼一小时的重要阵地。

（一）"灵动生活"的内涵与实施

"灵动生活"是学校体育工作的重要环节和有益补充，搞好"灵动生活"不仅有利于学校体育的发展，而且对实现体育强国的宏伟目标有深远的意义。实践证明，科学地参加课余体育锻炼能提高人的力量、速度、灵敏、跳跃、耐久力等各项身体素质，改善人体中枢神经系统和内脏器官的功能，增进身体健康，培养勇敢、顽强、机智、灵敏、吃苦耐劳、遵守纪律、团结友爱等思想品质。

学生积极开展"灵动生活"的次数与成效能在一定程度上反映出学生的

积极性和技能掌握的扎实程度。量变引起质变，学生"灵动生活"达不到一定的量，那轮滑技能的效果也不会明显。对于正处于生长发育期的青少年学生来说，健康是第一要素。自主开展"灵动生活"是促进身体健康的有效途径。

灵动生活体育活动是学校校园文化建设的重要载体，也是锻炼学生良好身体素质的一种有效形式。

1. 灵动生活活动内容丰富多彩。我校根据不同学生的身体素质，制定不同的课余体育锻炼项目，学生可以自由灵活地选择自己喜欢的轮滑项目。

2. 灵动生活能促进学生心理健康成长。学生通过课余体育锻炼能促进学生身体素质和心理素质的提高。

3. "灵动生活"活动内容和时间。我校的"灵动生活"训练有固定的活动场所和活动时间，课间操安排 20 分钟进行阳光健身跑。这对小学阶段的学生来说，时间安排科学合理，符合学生的身体发展规律，学生能更高效更主动地投入到轮滑锻炼中。双休日、节假日学生可自主选择轮滑项目进行巩固和提高。

（二）"灵动生活"的评价体系

灵动生活的评价体系是一种多元的评价体系，评价标准从单向转为多向，目的在于增强评价主体间的互动，建立教师、家长和学生共同参与、交互作用的评价方式。

学校以"健康第一"的理念为指导，促进学生综合素质的提高以及健康的成长，引导发展学生潜能，张扬个性，激励教师不断进取，完善教学管理，推进新体育课程的建设。

1. 学生自评和互评。学生自我评价是使学生成为评价主体，依据一定的标准对自己的期望、品德、发展状况、学习行为与结果及个性特征进行判断与评估，评价的过程也是学生自我认识、自我分析、自我提高的过程。学生互评即按一定的时间让同学们进行互相评议。通过学生相互评价来克服评价学生中的一些弱点，收到较好的效果。

2. "灵动生活"中综合性的教师个评。教师对学生的形成性评价往往伴随着学生整个的学习过程。每天训练后、赛后，在学生自评、互评的基础上，教师及时进行有针对性的总结评价，评价表如下（详见表 5-8）。

表5-8 合肥市十里庙小学"灵动生活"课程评价表

评价指标		评价标准	教师评价			总评
			A	B	C	
"灵动生活"课余活动	出勤情况	不旷课、不早退				
	纪律情况	纪律严明、服从指挥				
	身体训练水平	运动技能、身体素质				
	运动成绩	成绩优秀、良好、及格				
"灵动生活"双休活动	出勤情况	积极开展，主动				
	技能掌握	有序渐进				
	安全情况	装备、场地安全等级				

在"灵动轮滑"课程的施行过程中，我们发现：孩子们没有因为跌倒而害怕，也没有因为输掉比赛而气馁。他们反而认真准备、积极思考，在挫折中越战越勇，在你争我抢中收获友谊，在没有条件中创造条件。训练中，我们坚持"慈爱、严谨、求实、创新"的教风，让每位学生在玩中学、学中玩，同时狠抓基础，给孩子们讲授很多开放式的方法和技术，让孩子们学会推理，学会运用。比赛中，我们让孩子们分队对抗，让他们自己商量运用战术，赛后又和孩子们一同总结，与孩子们一起进步。目前，我校轮滑队获得众多殊荣，2020年更是获得全国青少年校园冰雪运动特色学校称号，"灵动轮滑社团"被评为蜀山区特色社团。我们一直坚信，"灵动轮滑"课程不仅仅是一门课程，通过学习让学生的身体更健康，还能让他们学会学习，学会团结协作，通过分析每次训练和比赛中出现的不同情况，使学生的思维和能力得到提升，自信心得以树立。

（撰写成员：李先清 丁雷）

第六章

篮球是跳动的音符，在充满激情的篮球场上，谱出动听的乐曲。旋转进球的刹那牵动着孩子们的渴望和期待。"香蓬篮球"让学生像香樟树一样朝气蓬勃、充满活动。学生在篮球运动中体验到运动的乐趣，感受到成功带来的自信，在拼搏中享受着配合、信任、默契。

香蓬篮球：在对抗中秀出风采

　　合肥市香樟雅苑小学是全国校园篮球特色学校，体育教研组现有教师5名，20—30岁教师2人，30岁以上3人，是一个充满活力的体育组。我校体育老师热衷于篮球事业，具有强烈的事业心、责任感，具备较高的篮球专业素养和丰富的教学经验。其中专项篮球教师1名，国家一级运动员1名，国家二级篮球裁判员2名，学校多次参加区校园篮球赛，并获得优异成绩。我们依据《义务教育体育课程标准（2011年版）》文件精神和标准内容，积极推进"香蓬篮球"特色课程建设。

第一节

感知篮球运动魅力

一、学科价值追求

　　《义务教育体育课程标准（2011 版）》指出，体育课程是以身体练习为主要手段，以学习体育与健康知识技能和方法为主要内容，以增进学生健康，培养学生终身体育意识和能力为主要目标的课程。体育与健康课程具有以下特性：基础性、实践性、健身性，综合性。课程强调培养学生参与锻炼的积极性，养成体育锻炼的习惯，掌握必要的体育与健康知识、技能和方法。①

　　通过课程学习，学生能提高体能和运动机能水平。我们以体育与健康知识、技能和方法为核心，以丰富多彩的体育实践课程为主体，面向全体学生，以提升学生身体素质、健全学生人格为目的，提出我校体育学科的课程理念为"香蓬篮球"。

　　我校特色课程的推进有自己的优势，但也存在一些问题：

　　1. 体育硬件设施还要进一步完善，为了更好地开展学校的体育工作，多出成绩，场地和体育器材需要再增加，以满足学生日常上课和训练的需要。随着学校的扩建，这个问题正在逐步解决。

　　2. 现在学生都能意识到锻炼身体的重要性，但是课外锻炼的积极性不太高，需要教师布置体育作业加以常态化，并积极与家长交流，关注学生在课

---

① 中华人民共和国教育部. 义务教育体育与健康课程标准（2011 年版）[S]. 北京：北京师范大学出版社，2012：1.

外的锻炼情况，提高家长和学生锻炼的意识，让学生每天的身体锻炼成为一种习惯。

3. 教师在教学上缺乏创新思维，有些教师在日常教学中还存在教学方法单一、示范动作不标准等问题，因此，教师应加强专业知识的学习，并充分运用到课堂实践中去。

二、特色项目理念

根据儿童身心发展的特点，依据"体育与健康课程标准"的主要内容，结合我校"向着阳光生长"的"香樟树课程"理念和体育学科的篮球特色这一实际情况，我们凝聚老师的智慧与情感，将香樟树朝气蓬勃、朴实无华和一身馨香正气的品质融入篮球教学理念中，这种借物喻人、以物育人的特色教学，是对篮球课程的深层次探索。"养馨香之气，育智雅之人。"因此，我校将体育学科课程理念定为"香蓬篮球"，即"在充满馨香、朝气蓬勃的校园里，让学生秀出风采"。我们认为：

"香蓬篮球"是"馨香"的篮球。"香"即为"温馨""美好""受欢迎"，给予学生的篮球运动充满香气。建构"树香"篮球课程，落实香樟树的育人目标；打造"花香"篮球课程，培育幸福童年；浸润"情香"篮球情，彰显和谐的人文情怀。

"香蓬篮球"是"蓬勃"的篮球。"蓬"即为"蓬勃"，形容事物繁荣茂盛。"香蓬体育"就是让学生像香樟树一样朝气蓬勃、充满活力。学生在篮球运动中体验到运动的乐趣，感受到成功带来的自信，在拼搏中享受着配合、信任、默契。

"香蓬篮球"是"多彩"的篮球。基于课程标准提供的篮球教材，课程设置根据学生的身心发展特点和篮球基础，因材施教，从教学内容的选择到教学方法的更新，关注学生的篮球运动兴趣，让篮球课程丰富多彩。

第二节

激发篮球学习兴趣

一、特色项目目标

基于对课程标准培养目标的认识，"香蓬篮球"课程从着力于培养学生的综合素养出发，以"体育素养"这一核心概念为着力点，确立了体育学科课程总目标。"香蓬篮球"特色项目的总体目标是：力求学生喜欢篮球课，愿意参加篮球活动；知道所学篮球动作的名称和基本的健身价值；掌握小篮球的技术动作；发展学生的速度、力量、耐力、灵敏等身体素质和协调性；通过学习提高学生健康水平，陶冶情操，锻炼意志，培养团队精神。

依据《义务教育体育课程标准（2011版）》和学校"香蓬体育"的学科课程理念，我们将课程总目标细化为各年级具体目标，内容如下（详见表6-1）。

表6-1 合肥市香樟雅苑小学"香蓬篮球"特色项目年级目标设置表

目标分类 学段		香蓬课堂	香蓬大课间	香蓬社团	香蓬赛事	香蓬生活
一年级	上	上好篮球课，培养运动乐趣	激发学生的运动兴趣	培养篮球兴趣，发展个性	体验篮球比赛的乐趣与成功	通过拍球、球绕环等篮球游戏，达到培养兴趣、提高重视度的目的
	下	获得篮球运动的基本知识和体验	培养学生的篮球意识和习惯	培养篮球运动乐趣	激发学生篮球运动的积极性	通过拍球、抛接球等篮球游戏，达到培养兴趣、提高重视度的目的

特色项目课程：体育特色课程的校本建构

目标 分类 学段		香蓬课堂	香蓬大课间	香蓬社团	香蓬赛事	香蓬生活
二年级	上	体验篮球游戏，在游戏中学习篮球	学生积极主动参与活动	提高交往能力，培养协作精神	培养学生团队合作意识，增强凝聚力	丰富课外体育活动，提高完成篮球游戏的能力
	下	体验篮球游戏，在游戏中学习篮球	培养学生锻炼意识	丰富篮球活动经验	在体育比赛中爱护与帮助同学	丰富课外体育活动，提高完成篮球游戏的能力
三年级	上	提高完成篮球中拍球、球绕环等游戏的能力	提高学生运动兴趣	培养良好的篮球运动锻炼习惯	遵守运动规则并初步具有自我规范的体育行为	巩固课上所学知识
	下	提高完成篮球中拍球、传球等游戏的能力	提高学生参加篮球锻炼的积极性	增强篮球运动能力，激发潜能	提高学生的篮球运动能力和身体素质	积极参加篮球活动，增强体质
四年级	上	初步掌握行进间运球、原地胸前传接球动作	培养学生终身体育的意识与习惯	初步掌握双手胸前传接球动作	在体育活动中表现出克服困难的意志品质	掌握篮球基本动作
	下	初步掌握篮球运球、传球的动作	在体育活动中学会交流合作与帮助	提高人际交往能力和社会适应能力	在体育比赛中注意调节自己的情绪	巩固运球绕杆动作
五年级	上	初步掌握行进间双手胸前传接球、运球动作	促进学生身体素质发展	进一步掌握篮球运球、传球、投篮基本动作的配合。学习简单的进攻战术	正确认识、对待身体条件和运动能力的差异	巩固传球、运球动作
	下	进一步掌握运球、传球动作，初步学习单手肩上投篮动作	感受篮球活动带来的乐趣	进一步掌握篮球运球、传球、投篮基本动作的配合	在体育活动中能较好地履行自己的职责	坚持完成有一定难度的体育活动
六年级	上	掌握运球、传球、投篮动作	发展学生的个性，促进身心健康	全面提高篮球运动水平，提升综合素质	培养学生集体荣誉感和社会责任感	提高适应自然环境的能力
	下	基本掌握篮球的技术动作组合	全面提高学生的身体素质	全面提高篮球运动水平，提升综合素质	形成良好的体育道德意识，学会尊重他人	巩固篮球基本动作

促进篮球特色课程

我校体育学科设置了"香蓬篮球"特色课程。"香蓬篮球"特色课程,既让学生全面发展,又促进学生个性化发展,同时实现学科的特色化建设,全面提升课程品质。

依据《义务教育体育课程标准(2011版)》及"香蓬篮球"课程理念与学科目标,结合学校体育特色项目,学校从"香蓬课堂、香蓬社团、香蓬赛事、香蓬大课间、香蓬生活"五大板块架构"香蓬篮球"课程体系,体系如下(详见图6-1)。

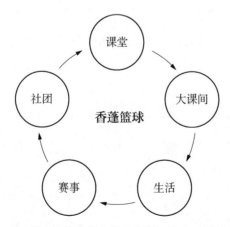

图6-1 合肥市香樟雅苑小学"香蓬篮球"课程体系结构图

上图中,各板块课程具体表述如下:

1."香蓬课堂"是学生发展体能、获得篮球技能、提高健康水平、形成乐观开朗的生活态度的重要途径。学生一学期有两周的篮球课,低年级是八节课，中高年级是六节课，课堂中教师通过形式多样的教学手段、丰富多彩的篮球运动内容，培养学生参与篮球活动的兴趣和爱好，形成坚持锻炼的习惯和终身体育的意识。

2. "香蓬社团"以丰富学生的课余文化生活，发展学生的个性特长，提高学生的篮球技术水平和综合素质，达到"强身健体"的目的，注重学生对篮球运动基本知识、运动技能的掌握和应用，为篮球队选拔了很多篮球苗子。

3. "香蓬赛事"是学生篮球运动能力的展现，在篮球比赛中学生享受着篮球运动带来信任、默契，学生之间相互学习、鼓励，共同进步，共同克服困难。

4. "香蓬大课间"是在大课间中安排的篮球运动部分。篮球是我校的特色，我们充分利用大课间来进行篮球运动，安排了一系列篮球游戏，让学生熟悉球性练习、篮球基本动作等。

5. "香蓬篮球"课程旨在让学生在学校学到运动技能，并把篮球这项运动作为终身锻炼的运动项目，最终促进终身体育目标的实现。"香蓬生活"就是教师根据课上的篮球内容安排学生利用课余时间进行篮球运动的身体锻炼，这样把学校所学与家庭锻炼有效地连接起来。

学校根据《义务教育体育课程标准（2011 版）》和学科课程理念对"香蓬篮球"课程进行了体系建构，除基础课程外，我们根据年级及学期设置了具体课程如下（详见表 6 - 2）。

表 6 - 2　合肥市香樟雅苑小学"香蓬篮球"课程设置表

课程 \ 类别 \ 年级		香蓬课堂	香蓬大课间	香蓬社团	香蓬赛事	香蓬生活
一年级	上学期	抛接球；球绕环；左右手原地拍球	创编球操；单手拍球	行进间抛接球；你抛我接	球绕环比快比稳；原地拍球比多	单手拍球；单手抛接球
	下学期	原地单手拍球；投球进筐；左右手交替运球	创编球操；单手拍球	单手拍球；投球进筐	原地拍球比多；传球接力	原地单手拍球；计时一分钟拍球

课程\类别\年级		香蓬课堂	香蓬大课间	香蓬社团	香蓬赛事	香蓬生活
二年级	上学期	投球进筐；抛接球；多种姿势拍球	创编球操；拍球练习	直线运球；投球进筐	拍球比赛；传球接力赛	原地拍球；球绕环
	下学期	球绕环；原地拍球；多种姿势拍球	创编球操；拍球练习	直线运球；投球进筐	拍球比赛；传球接力赛	原地拍球；球绕环
三年级	上学期	原地双手胸前传接球；行进间运球	创编球操；篮球基本动作练习	双手胸前投篮；移动传接球	绕杆运球比赛；传球比赛	直线运球
	下学期	原地双手胸前传接球；行进间运球	创编球操；篮球基本动作练习	曲线运球；往返运球	绕杆运球比赛；传球比赛	直线运球
四年级	上学期	运球绕杆；行进间运球；熟悉球性练习	创编球操；运球练习	换手运球；两人一组防守运球	3V3教学比赛	行进间运球；熟悉球性练习
	下学期	行进间运球；两人一组运转组合练习	创编球操；运球练习	运球投篮；对墙传球	迎面运球接力赛	熟悉球性练习；换手运球；行进间运球
五年级	上学期	行进间双手胸前传接球；体前变向换手运球；侧身跑	创编球操；传球、运球练习	行进间两人传接球投篮；单手肩上投篮	三人制篮球赛；定点投篮赛	换手变向运球，投篮
	下学期	体前变向换手运球；单手肩上投篮；侧身跑	创编球操；传球、运球练习	三人绕"8"字传接球；人盯人战术	三人制篮球赛；定点投篮赛	体前变向换手运球；投篮
六年级	上学期	行进间双手胸前传接球；体前变向换手运球；变速跑	创编球操；传球、运球练习	篮球规则学习；快攻战术；跨步急停	运球绕杆接力；三人制篮球赛	3V3比赛
	下学期	行进间双手胸前传接球；体前变向换手运球；移动	创编球操；传球、运球练习	原地持球变向运球；行进间低手投篮	5V5全场比赛；运球接力赛	投篮；3V3比赛

第四节

享受篮球锻炼乐趣

我校"香蓬篮球"特色课程从课堂教学、社团建设、欢乐体育节、魅力大课间、精彩赛事等方面进行实施。我们通过课堂教学、课外延伸等方式来实施发展学生的健康体魄，提升运动能力，落实体育课程目标，体现体育学科"让学生茁壮成长"的课程理念。

一、打造"香蓬课堂"，展现篮球课堂魅力

"香蓬篮球"课程注重体育游戏的学习，发展学生基本运动能力，既重视知识技能的掌握与运用，又能让学生更好地体验学习知识、参与运动的乐趣，充分体现香蓬篮球课堂的特点。

结合学校"香蓬篮球"的课程理念，我校篮球课堂的教学致力于创设富有健康向上的"香蓬课堂"，既着眼于培养学生锻炼身体的能力，又着眼于对学生思想情感熏陶的品德功能，体现体育的运动性特点，满足学生终身发展的需要。在课堂上体现体育学科思维，彰显体育学科方法，陶冶学生高尚的情操，丰富学生的精神内涵。"香蓬课堂"是培养儿童馨香文明气质和运动气质的特色课堂。

教学过程中教师充分调动学生学习的主动性和积极性，带动每个学生参与到课堂中，激发学生学习兴趣，学生循序渐进地掌握篮球基础知识和基本技能。整个教学过程充满活力。

"香蓬课堂"教学目标具体、教学内容多样、教学过程流畅、教学方法新颖、教学评价多彩。

（一）"香蓬课堂"的实施

为推进"香蓬课堂"建设，提高教学效率，结合我校工作实际，本着全面落实新课程理念，我们积极探索自主高效、充满活力的课堂，"香蓬课堂"具体建设实施如下：

1. 促进学法指导，教学生如何学习。教师不只是把知识技能教给学生，更重要的是进行学法指导，让学生会学，这是课堂教学的核心。教师通过一定的途径对学生进行学法的传授和辅导，使学生掌握科学的正确的学习方法。学生主动投入和亲身体验篮球活动，逐步提高自学自练、自学自评的能力。

2. 运用不同形式的教学，引导学生乐于学习。由于学生活泼好动，兴趣广泛，在课堂上采用趣味性和竞争性很强的篮球活动进行教学，能激发学生的学习兴趣。在进行新授课教学的时候，教师可通过选择不同的练习方法，用正确示范或新颖美观的场地设计等手段来启发兴趣，唤醒情绪，调动学生学习的主动性。

3. 多样有效的评价，激发学生学习的主动性。课程要有多样化评价，篮球教学中，教师不仅要知道学生对篮球知识技能的掌握程度，还要了解学生通过学习增长了多少解决问题的能力。体育学科的实践性非常强，通过篮球教学比赛、趣味练习、特长展示等来对学生知识技能的掌握程度进行评价，从不同角度、不同层面给学生反馈评价结论。

（二）"香蓬课堂"的评价要求

围绕学校"香蓬课堂"的核心及基本流程，教研组设计出"香蓬课堂"的评价标准（详见表6-3）。

表6-3 合肥市香樟雅苑小学"香蓬课堂"评价表

评价项目	评价要点	评价	
		权重	得分
教学目标	1. 结合课程标准，符合课标理念，能够做到以生为本。	5	
	2. 体现"香蓬篮球"的特色，多角度利用教材，创造性地理解教材。	5	
	3. 面向全体学生，注重个性，关注情感、能力、知识技能、过程与方法的整合。	5	

特色项目课程：体育特色课程的校本建构

评价项目	评价要点	评价	
		权重	得分
教学内容	1. 形式多样，方式灵活。符合学生生理、年龄特点，受学生欢迎，有利于培养儿童对于体育运动的兴趣。	5	
	2. 创造朝气蓬勃的运动氛围，引领孩子享受其中，有利于全面提高儿童体育运动素养。	5	
	3. 选择适合学生身心健康发展，充分考虑学生的需求。	5	
	4. 准确把握教学重点、难点。教学环节环环相扣，内容循序渐进，提问精准有效。	5	
教学过程	1. 教学思路清晰，重点突出，层次清楚，结构合理。	5	
	2. 关注个体差异，面向全体儿童，让全体儿童都参与到学习中去。营造"积极向上"氛围的体育，让学生在朝气蓬勃的环境中感受运动。	5	
	3. 课堂生动有活力，能够激发儿童兴趣，提高学生积极性。	5	
	4. 以学生为主体，教师为主导。	5	
教学方法	1. 教学方法灵活多变，具有启发性。	4	
	2. 情境创设有吸引力，紧密联系生活实际，问题设计严谨、合理。	4	
	3. 注重儿童情感和三观的培养。培养学生乐观、积极向上的生活态度。	4	
教学评价	1. 重视课堂评价的多元化，如自我评价、相互评价、过程性评价、结果性评价等。	4	
	2. 以人为本，区别对待，重视过程性评价。	4	
	3. 重视学习能力、学习态度、情感价值观的提高。	4	
教师表现	1. 教态自然，着装规范，语言准确，示范动作熟练、准确、有启发性。	4	
	2. 能够灵活处理课堂上所发生的突发事件。	4	
	3. 具有一定的素养，不过分指责儿童，保护学生自尊心，彰显和谐的人文情怀。	3	
学生表现	1. 积极参与体验运动的全过程。	3	
	2. 学生的身体得到充分锻炼，身体正常发育，健康水平逐步提高。	4	
	3. 心理健康水平得到提高，自尊和自信心得到增强，形成积极向上、乐观开朗的人生态度。	3	
总分			

二、建设"香蓬社团"，让活动丰富多彩

我校秉承"向着阳光生长"的课程理念，让学生成长更自然、更科学、更阳光。学校切实加强体育工作，丰富校园生活，促进学生身心健康和谐发展，组建内容丰富的"香蓬篮球社团"。它不仅能充分展示儿童的个性魅力，提高儿童自我认识、自我管理能力和体育运动能力，还有利于推进学生的社会化进程，从而对塑造儿童完善的人格具有极大的帮助，同时也是学校精神建设的有力抓手。

（一）"香蓬社团"活动实施

"香蓬社团"的创建以"体育兴趣"为主导，以营造馨香、优雅、多彩、蓬勃向上的校园运动氛围为目标，以逐步提升儿童运动素养，愉悦学生的身心，培养学生做雅致高尚的人为宗旨，形成了"香蓬篮球社团"课程介绍，内容如下（详见表6-4）。

表6-4 合肥市香樟雅苑小学"香蓬社团"课程介绍

课程名称	课程目标	课程介绍
香蓬篮球社团	掌握篮球基本技能，培养篮球运动兴趣和习惯	通过学习篮球运动的技能，感受篮球运动的魅力，激发孩子的参与意识和兴趣，从中领会到标准的动作方法和树立正确的价值观

根据我校实际情况，体育运动特设香蓬篮球社团。该社团学期初有计划，计划中有记录、有指导，学期末有总结。每次活动目标明确，活动过程完整，指导教师分阶段上交相关材料，如活动方案、过程性资料、学生取得的成绩等，学期末学校将根据实际活动情况，评出优秀指导教师和优秀社团成员。

（二）"香蓬社团"的评价

为了保障社团活动的实施效果，学校制定了对教师和学生展开系统评价的指标。在活动过程中，进行周评、月评、学期评，根据评价主体不同，有学生评、老师评及家长评等，确保老师认真负责地开展活动，保障儿童在活动中学有所获。学校还对香蓬优秀学生给予表彰，具体的评价量表如下（详见表6-5）。

表 6-5　合肥市香樟雅苑小学"香蓬社团"评价表

项目	评价指标	评价		
		★★★	★★	★
课程开发	1. 正确掌握课程理念和教学模式，坚持全面发展的素质教育，满足学生实际发展需求。			
	2. 社团主题鲜明、积极健康、富有特色，社团受学生欢迎。			
	3. 活动内容选择适宜，符合学生实际要求，并与教学目标一致。内容生动有趣，贴近生活实际，能促进学生全面个性发展。			
实施过程	1. 课程纲要规范、合理，有学期实施计划，活动设计内容翔实。有团队成员活动记录档案。			
	2. 活动内容和形式富有创意，能结合学校文化开展生动有趣的、受学生欢迎的社团活动。			
活动效果	1. 学生态度端正，积极主动，正视学习过程中的困难，教师注重儿童情感和三观的培养。			
	2. 学生以饱满的热情主动参与到学习中去，专注程度高。深度思考，大胆质疑，乐于表达见解。			
	3. 学生有良好的沟通交流、合作能力，敢于提出自己的想法，并乐于借鉴同伴的建议。			

三、实施"香蓬大课间"，助力阳光体育

我校大课间安排在上午第二节课的课后，有 30 分钟的体育活动时间。全校师生共同参加体育锻炼活动。活动内容有篮球自编操、篮球游戏、趣味篮球等，充分体现我校特色。我们还对传统的课间操形式进行了拓展，时间延长，项目增加，内容更丰富。

（一）"香蓬大课间"的主要内容

大课间活动形式多种多样，内容的安排根据各年级的实际以及季节、气候的情况确定。

1. 篮球自编操。体育教师根据我校的实际情况和特点，自编一些符合学生身心发展特点的篮球操。

2. 篮球游戏。它是根据篮球基本动作编排的游戏，如传球接龙等。

3. 篮球基本动作练习。如三人传接球、多人传接球、绕杆运球、直线运球、背后运球、行进间体前变向运球。

4. 身体素质练习。在大课间活动时，根据不同水平段的学生安排不同的身体素质练习，主要是篮球运动中的移动技术，通过这些练习达到锻炼学生

身体素质的目的，如变速跑、变向跑、侧身跑、后退跑、滑步，单脚跳、双脚跳等。

每天通过分组交替进行国家规定的广播操和篮球自编操活动。在班主任、体育教师和任科教师的组织参与下，以班为单位，将班级成员分成小组，充分发挥班级和学生骨干的作用，进行篮球游戏、篮球自编操、身体素质练习等活动。学校为保障大课间活动的真正开展，成立了大课间领导小组，由校长任组长，班主任、配班老师和体育教师任组员。

（二）"香蓬大课间"的评价方法

学校建立多元评价体系，全校教师有明确的分工，分项目进行评价，积极促进大课间活动的可持续发展。具体评价内容如下：

1. 每天大课间活动时，有值日生做好记录，从上下楼的速度与秩序、参加大课间活动的人数、活动情况、活动效果进行观察。

2. 德育处对大课间进行每周评比，在周一升旗仪式上由本周值日生进行总结，作为每周评选流动红旗的重要条件。

四、开展"香蓬赛事"，为终身体育打下基础

学校篮球比赛的开展既能激励学生积极参与运动，又能促进学生身心健康，培养竞争意识，增强班级凝聚力，为终身体育打下良好基础。

（一）"香蓬赛事"实施

篮球赛事均由体育组教师进行策划编制，制定并完善比赛方案后，学校按照方案具体落实，保证师生积极参与到各项赛事中。"香蓬篮球赛事"安排如下（详见表6-6）。

表6-6　合肥市香樟雅苑小学"香蓬篮球赛"赛事安排表

水平	香蓬赛事	目的	具体操作
水平一	传球比快	培养篮球运动兴趣，有更多接触篮球的机会。	本次比赛设团体一、二等奖，一至二年级班级每班派10名同学参加比赛，同一年级进行比赛，在传球过程中，用时少的队名次在前。
水平二	拍球比多	通过游戏，加深学生对篮球的了解，提高对篮球运动的关注度。	本次比赛设个人奖，一至二年级班级每班派10名同学参加比赛，在相同时间内拍球次数多者，名次靠前。

水平	香蓬赛事	目的	具体操作
水平三	运球接力	考察学生的运球能力，同时也为篮球队选拔苗子做参考。	本次比赛设团体一、二等奖，三至四年级班级，每班选派6名同学组队参赛，同一年级进行比赛，在运球接力的过程中，用时少的队名次列在前。
	三对三挑战赛	提高学生的篮球运球能力，同时提高学生对运球动作的掌握程度。	本次比赛设团体一、二等奖，分年级进行比赛，三至四年级班级，每班选派三名队员参加比赛，采用的是循环赛制，循环赛计分办法：胜一场得2分，负一场得1分，弃权得0分，积分多者名次列在前。
	运球挑战赛	结合国家体质健康标准安排的一项比赛，目的在于提高学生参加篮球锻炼的积极性。	本次比赛设个人奖，五至六年级班级选出有篮球运动基础的同学参加，人数不限，运球过程中，用时少的同学名次在前。
	定点投篮赛	加深学生对投篮正确性的理解，提高学生进行篮球运动的积极性。	本次比赛设个人奖，五至六年级班级选出篮球运动基础的同学参加，人数不限，在规定的时间、规定的投篮点投篮，进球次数越多，名次越靠前。
	五对五校园篮球赛	通过比赛全面展示学生篮球运动能力。	本次比赛设团体一、二等奖，分年级进行比赛，五至六年级班级，每班选派五名队员参加比赛，采用的是循环赛制，循环赛计分办法：胜一场得2分，负一场得1分，弃权得0分，积分多者名次列在前。

（二）"香蓬篮球赛"的评价标准

"香蓬篮球赛"的比赛内容各不相同，赛事范围大小不一，我们对赛事活动从赛事内容、赛事参与、赛事效果三方面进行评价，评价表如下（详见表6-7）。

表6-7 合肥市香樟雅苑小学"香蓬篮球赛"评价表

评价项目	评价标准	评价等级			
		A	B	C	D
赛事内容	1. 根据课程标准的相关要求，从学生的学习、成长需求出发。				

评价项目	评价标准	评价等级			
		A	B	C	D
	2. 符合学校"香蓬篮球"的理念和价值追求，体现特色，注重创新。				
	3. 符合国家体质健康标准。				
赛事参与	1. 学生广泛参与，赛事兼顾绝大多数，让不同篮球基础的学生在赛事中有历练、有收获。				
	2. 流程清晰，形式多样，提倡个性的多元发展。				
	3. 积极主动，组织有序，赛事进展顺利，有系统的结果呈现。				
赛事效果	1. 有真实的赛事体验，学生能及时了解自己在篮球方面的能力。				
	2. 学会与他人协作交往，同伴互助，有良好的合作体验。				
	3. 体育欣赏、展示、运动三个方面的能力得到提高。				

随着我校篮球特色课程的实施，对体育教师在篮球方面的理论知识和技能水平也提出了更高要求。体育教师要加强自己的业务水平。学生在校外练习的次数比较少，对于老师布置的作业不能保质保量地完成，教师要加强对学生课外作业的监督。同时，学校通过扩建，增加篮球场的数量使更多学生有机会在校练习篮球。

我校特色课程在课堂、社团、大课间、赛事、生活这些方面全面开展起来，有利于篮球运动在我校的普及，学生在小学阶段能够掌握篮球技能，符合国家体质健康标准和体艺"2＋1"的要求。课程的蓬勃开展也为我校篮球队积蓄后备人才。

总之，"香蓬篮球"是学生发展体能、获得运动技能、提高健康水平、形成乐观开朗的生活态度的特色课程。通过丰富多彩的活动内容、形式多样的身体活动方法，学生知道篮球运动项目的名称或动作术语，掌握有一定难度的技术动作，建立和谐的人际关系，具有良好的合作精神和体育道德。通过课程多样化、课堂个性化、评价多元化，学生实现"按需选学"。

（撰稿人：李辉）

第七章

智慧兵兵：
在跳跃中编织理想

　　智慧是无穷的，小小的乒乓球，蕴藏着巨大的智慧能量。我们用至善至美，给每一位儿童编织一条属于他们的阳光大道。每一位儿童都如小小的乒乓球一样，矫健的身体旋转着、跳跃着，奏出一曲奋力拼搏的华美乐章，舞出一段婀娜多姿的奇趣道路，演绎一出精彩绝伦的智慧人生。

　　合肥市黄山路小学创办于 1981 年， 2017 年荣获全国"国防教育特色学校"称号，学校将国防教育融入每位学生的学习和生活中，以培养德智体美劳全面发展的儿童。教师队伍具有较高的理论素养和实践经验，现有体育专业教师 8 人，其中小学高级教师 1 人，一级教师 4 人，合肥市骨干教师 1 人，蜀山区骨干教师 2 人。黄山路小学体育组秉承"以智促技·以技促慧"的"智慧乒乓"课程理念，以备课组为单位开展教育教学研究，以及听课、评课、磨课等活动，定期组织组内课堂教学评比、评课评比、基本功展示等活动，充分发挥团队协作力量。体育组教师们积极参加各级各类教育教学比赛和活动，先后荣获国家级、省级、市级教学评比一等奖，体育教师辅导的学生也分别在国家、省、市等各级比赛中屡获殊荣。形成体育组教师人人有专长、课课有精品，并逐步形成自己的一套教学模式。我们依据教育部《义务教育体育与健康课程标准（2011 版）》文件精神，结合我校"向着美好奔跑"的办学理念以及秉承我校"至善·至美"的四字校训，推进体育学科课程建设，取得了显著的成效。

第一节

走进国球时代文化

一、学科价值追求

《体育与健康》课程指出："乒乓球及球拍体积小，便于携带，对场地设备要求不高，便于开展，具有趣味性、竞争性等特点，是小学生十分喜爱的运动项目之一。"[①] 新中国成立以来，我国的乒乓球运动一直处于世界领先地位，其长盛不衰的重要原因之一，是因为乒乓球运动在我国具有广泛的群众基础。它设备简单，在室内或室外都可进行，运动量可大可小，不同年龄、不同性别、不同条件的人均可参加此项运动,因此深受广大儿童的喜爱。事实证明，经常进行乒乓球运动不仅可以提高人的灵敏性、协调性、动作速率和上下肢活动能力,还能改善人的心肺功能，从而全面提高身体素质。因此，根据我校的教育教学理念,结合我校教育教学实践，体育组通过探究、研讨等方式开发了"智慧乒乓"特色项目校本课程，希望体育组教师以此培养儿童互帮互学的精神，向儿童传授乒乓球运动的基本知识、基本技术和技能，增强儿童的体质。

二、特色项目理念

根据儿童身心发展的特点，依据《义务教育体育课程标准（2011 版）》的文件精神，结合我校"美好教育"的办学理念和体育与健康学科的实际情

---

① 中华人民共和国教育部. 义务教育体育与健康课程标准（2011 年版）［S］. 北京：北京师范大学出版社，2012：1.

况，我们提出以"智慧乒乓"课程为核心的"以智促技·以技促慧"学科课程理念。

智慧乒乓坚持以儿童的身体健康为根本，要求儿童了解与运动有关的营养、环境、卫生保健等知识，发展体能，提高身体健康水平。

智慧乒乓坚持以儿童的心理健康为前提，要求儿童学会通过体育活动调节情绪状态，增强自尊和自信，形成坚强的意志品质。

智慧乒乓坚持以儿童的智力发展为结果，要求儿童认识、理解客观事物并灵活运用知识、经验等解决问题的能力，包括记忆、观察、想象、思考、判断等。

"智慧乒乓"，坚持"健康第一"的指导思想，促进儿童健康成长。我们以促进儿童身体、心理和社会适应能力整体健康水平的提高为目标，构建了技能、认知、情感、行为等领域并行推进的课程结构，融合了体育、生理、心理、卫生保健环境、社会、安全、营养等诸多学科领域的有关知识，真正关注儿童的健康意识、锻炼习惯和卫生习惯的养成，将增进儿童健康贯穿于课程实施的全过程，确保"健康第一"思想落到实处，使儿童健康成长。[1]

"智慧乒乓"，激发运动兴趣，培养儿童终身体育的意识。学校体育是终身体育的基础，运动兴趣和习惯是促进儿童自主学习和终身坚持锻炼的前提。无论是教学内容的选择，还是教学方法的更新，都要关注儿童的运动兴趣。只有激发和保持儿童的运动兴趣，才能使学生自觉、积极地进行体育锻炼。因此，在体育教学中，儿童的运动兴趣是实现体育与健康课程目标和价值的有效保证。[2]

"智慧乒乓"，以儿童发展为中心，重视儿童的主体地位。关注的核心是满足儿童的需要和重视儿童的情感体验，促进全面发展的社会主义新人的成长。从课程设计到评价的各个环节，始终把儿童主动、全面的发展放在中心地位。在发挥教师主导作用的同时，特别强调儿童学习主体地位的体现，

---

[1] 中华人民共和国教育部. 义务教育体育与健康课程标准（2011年版）[S]. 北京：北京师范大学出版社，2012：1.

[2] 中华人民共和国教育部. 义务教育体育与健康课程标准（2011年版）[S]. 北京：北京师范大学出版社，2012：1.

要充分发挥儿童的学习积极性和学习潜能，提高儿童的体育学习能力。①

　　"智慧乒乓"，关注个体差异与不同需求，确保每一个儿童受益。不仅注意儿童在身体条件、兴趣爱好和运动技能等方面的个体差异，还根据这种差异性确定学习目标和评价方法，提出相应的教学建议，使每个儿童都能体验到学习和成功的乐趣，以满足自我发展的需要。②

---

① 中华人民共和国教育部. 义务教育体育与健康课程标准（2011 年版）［S］. 北京：北京师范大学出版社，2012：1.
② 中华人民共和国教育部. 义务教育体育与健康课程标准（2011 年版）［S］. 北京：北京师范大学出版社，2012：1.

目量意营　精雕细刻

《义务教育体育课程标准（2011版）》指出："体育与健康课程是学生以身体练习为主要手段，通过合理的体育教育和科学的体育锻炼过程，达到增强体质、增进健康和提高体育素养为主要目标的公共必修课程；是学校课程体系的重要组成部分；是学校体育工作的中心环节；是我国实现素质教育和促进学生适应社会、培养学生完整个性的有效途径。"①

一、特色项目目标

特色项目的目的在于全面实施素质教育，培养儿童爱国主义、集体主义和社会主义精神，促进儿童德、智、体、美全面发展。通过教学，使儿童掌握体育与健康基础知识、基本技能与方法，增强体能；学会学习与锻炼，发展体育与健康、实践与创新能力；体验运动的乐趣和成功，养成体育锻炼的习惯；发展良好的心理品质、合作与交往能力；提高自觉维护健康的意识，基本形成健康的生活方式和积极进取、乐观开朗的人生态度。②

依据"智慧乒乓"特色项目课程理念，根据课程任务，我校特色课程主要分为基础性课程、"美好派"课程。基础性课程旨在培养儿童终身体育意识：每天锻炼一小时,健康工作五十年,幸福生活一辈子。"美好派"课程主

---

① 中华人民共和国教育部. 义务教育体育与健康课程标准（2011年版）[S]. 北京：北京师范大学出版社，2012：1.
② 中华人民共和国教育部. 义务教育体育与健康课程标准（2011年版）[S]. 北京：北京师范大学出版社，2012：1.

旨是满足儿童的个性化需求，发展儿童的智能，挖掘儿童的运动潜能，促进学校办学特色的形成。

（一）"智慧乒乓"特色项目总目标

体育与健康课程的核心在于培养儿童的运动参与、运动技能、身体健康、心理健康与社会适应四个方面，学校依据课程标准，结合学校的实际情况，将我校"智慧乒乓"特色项目课程目标分为"智运动""智健康""智技能""智品质"四个板块，以此制定出了"智慧乒乓"特色项目课程总目标，具体内容如下（详见表7-1）。

表7-1 合肥市黄山路小学"智慧乒乓"特色项目总目标

水平目标	领域目标	学习目标
水平一	智运动	上好乒乓球课，并积极参加乒乓球课外活动。
	智健康	注意保持正确的身体姿态，初步发展柔韧性、灵敏性和平衡能力。
	智技能	学习乒乓球基本知识及游戏方法。
	智品质	努力完成当前的学习任务，在活动中适应新的合作环境。
水平二	智运动	积极参与乒乓球的运动，体验乒乓球运动的乐趣与成功。
	智健康	了解乒乓球运动的保健知识和方法，改善体形与身体姿势，发展柔韧性、灵敏性、速度和力量等身体素质。
	智技能	提高乒乓球运动和完成游戏与竞赛的能力，初步掌握不同的乒乓球运动技巧。
	智品质	坚持完成有一定困难的乒乓球活动任务，在活动中乐于交流与合作，遵守运动规则并初步具有自我规范的体育行为。
水平三	智运动	学会通过体育活动进行积极性的休息，感受乒乓球运动和比赛的乐趣，获得成功的体验。
	智健康	初步了解人体运动系统及青春期的生长发育特点与保健知识；保持良好的身体姿态，提高灵敏性、力量、速度和心肺耐力等身体素质。
	智技能	学会自主学习与锻炼，观看乒乓球比赛，掌握一定难度的基本技术动作组合，初步掌握运动损伤及常见意外伤害的预防与简易处理方法。
	智品质	表现出克服困难的意志品质，注意调节自己的情绪，在团队活动中能较好地履行自己的职责，形成良好的体育道德意识和行为。

（二）"智慧乒乓"特色项目课程年级目标

依据课程标准对课程总目标的阐述与要求，体育教研组将四大领域的课程内容进一步细化、分解为年级目标，年级目标一览表如下（详见

表 7 - 2)。

表 7 - 2　合肥市黄山路小学"智慧乒乓"特色项目课程年级目标一览表

一年级	智运动	喜欢上乒乓球课，体验乒乓球运动的乐趣。
	智健康	积极参加乒乓球课学习，顺利完成学习任务。
	智技能	掌握乒乓球握拍技术，能利用握拍进行游戏。
	智品质	能遵守游戏规则，乐于帮助同学，有团结协作的精神。
二年级	智运动	能上好乒乓球课，培养儿童积极参与课内、课外学习乒乓球的兴趣。
	智健康	积极参加乒乓球锻炼，主动完成学习任务。
	智技能	能用正确的技能动作完成乒乓球游戏。
	智品质	遵守乒乓球游戏规则，自觉与同伴配合，有积极进取的精神。
三年级	智运动	乐于参加乒乓球活动、乒乓球游戏和比赛。
	智健康	学会利用乒乓球运动进行科学锻炼的方法。
	智技能	能正确、安全地进行乒乓球运动与游戏。
	智品质	遵循规则，积极进取，勇于挑战自我、展示自我。
四年级	智运动	培养学生积极参加乒乓球运动和比赛的兴趣。
	智健康	善于合作，身心健康，能积极参与乒乓球运动并愉快地学习。
	智技能	正确运用乒乓球运动技术动作。
	智品质	勇于克服困难，有团结协作的精神。
五年级	智运动	能积极主动地进行积极性休息，知道劳逸结合的方法。
	智健康	掌握科学的乒乓球锻炼方法。
	智技能	掌握简单的乒乓球运动规则并运用到比赛中。
	智品质	有公平竞争意识，有克服困难的精神。
六年级	智运动	能积极主动地参与乒乓球课，感受乒乓球运动和比赛中的乐趣。
	智健康	通过"课课练"，发展体能。
	智技能	掌握乒乓球运动规则并运用到比赛中。
	智品质	遵守规则，有公平竞争意识，有克服困难的精神。

势合形离　不可分割

一、特色项目课程结构

　　根据国家教育有关方针政策，我校主要是以人民教育出版社教材为教学媒介，设置的我校"智慧乒乓"特色项目课程框架。基于我校"智慧乒乓"的特色项目理念及学科的课程目标体系，我校开发了"智运动、智健康、智技能、智品质"四大类课程，课程内容如下（详见图7-1）。

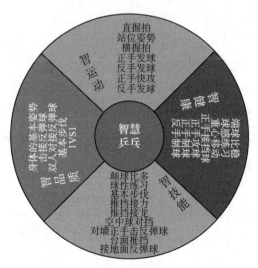

图7-1　合肥市黄山路小学"智慧乒乓"特色项目课程结构图

　　具体内容如下：

　　1.智运动，此课程旨在激发儿童对乒乓球运动的兴趣，激励儿童参与体育运动。课程内容的选择以趣味性、创意性为主，兼顾适度的健身性，儿童通过课程的学习能感受到乒乓球运动和比赛的乐趣，能获得成功的体验，达到积极参与体育活动的目的。

2. 智健康，此课程旨在让儿童学习基本知识、基本技能与方法，学会学习和锻炼，塑造良好的身体姿态，让儿童保持身体健康的同时，心理也达到健康的状况。课程内容的选择满足横向互补和纵向递进的需求，具有综合性的特点。

3. 智技能，此课程旨在让儿童学习运动知识，掌握运动技能与方法，增强安全意识和防范能力。课程内容的选择兼顾乒乓球专项运动，这样能够发挥教师的专长，扩大儿童的认知范围。

4. 智品质，此课程旨在培养儿童坚持不懈的意志品质，形成合作意识与配合能力，具有良好的体育道德精神。课程内容以团队性活动为主，锻炼儿童不同方面的能力。

需要说明的是，以上四类课程虽然是基于教材的四个方面开发的，但从体育与健康课程的本质来分析，不同课程之间有着实质的联系，因此这四类课程并不是相互独立的，而是紧密联系的。

二、特色项目课程设置

学校的体育学科课程设置，遵循了体育教育教学和儿童成长发育的规律，基于体育与健康的四个方面和学校体育学科课程的实际，我校不断完善"智慧乒乓"特色项目课程的设置，进一步满足了儿童个性化的学习需求，开发和培育儿童的潜能与特长，让儿童在快乐健康的学习中展现生命的精彩。"智慧乒乓"课程设置如下（详见表7-3）。

表7-3　合肥市黄山路小学"智慧乒乓"特色项目课程设置表

课程\分类\年级		智慧课堂	智慧社团	智慧赛事		智慧大课间	智慧家庭
				智慧体育节	校外赛事		
一年级	上学期	直握拍1 站位姿势1 正手挥拍1 球性练习1 端球比稳1 颠球比多1	乒乓球美好派课程"2+1"	亲子趣味运动会	乒乓球比赛	美好乒乓创编操 各班级活动	小小乒乓我来说1

课程 分类 年级		智慧课堂	智慧社团	智慧赛事		智慧大课间	智慧家庭
				智慧体育节	校外赛事		
二年级	下学期	直握拍2 站位姿势2 正手挥拍2 球感练习1 球性练习2 击接反弹球1	乒乓球美好派课程	亲子趣味运动会	乒乓球比赛	美好乒乓创编操 各班级活动	小小乒乓我来说2
	上学期	横握拍1 站位姿势3 基本步伐1 球感练习2 球性练习3 双人对接反弹球1	乒乓球美好派课程	亲子趣味运动会	乒乓球比赛	美好乒乓创编操 各班级活动	大家一起汇乒乓1
	下学期	站位姿势4 重心移动 基本步伐2 球性练习4 双人对接反弹球2	乒乓球美好派课程	亲子趣味运动会	乒乓球比赛	美好乒乓创编操 各班级活动	大家一起汇乒乓2
三年级	上学期	正手发球1 基本步伐3 正手推挡球1 挡球接力1 1VS1	乒乓球美好派课程	校内乒乓球比赛	乒乓球比赛	美好乒乓创编操 各班级活动	乒乓乒乓报乒乓1
	下学期	反手发球1 正手攻球1 推挡接龙1 1VS1	乒乓球美好派课程	校内乒乓球比赛	乒乓球比赛	美好乒乓创编操 各班级活动	乒乓乒乓报乒乓2
四年级	上学期	正手发球2 正手推挡球2 挡球接龙2 1VS1	乒乓球美好派课程	校内乒乓球比赛	乒乓球比赛	美好乒乓创编操 各班级活动	小小少年写乒乓1 乒乓赛乒乓1
	下学期	反手发球2 正手搓球2 推挡接龙3 1VS1	乒乓球美好派课程	校内乒乓球比赛	乒乓球比赛	美好乒乓创编操 各班级活动	乒乓赛乒乓2
五年级	上学期	正手快攻1 正手搓球1 空中球对挡1 1VS1	乒乓球美好派课程	校内乒乓球比赛	乒乓球比赛	美好乒乓创编操 各班级活动	小小少年写乒乓2 乒乓赛乒乓3

特色项目课程：体育特色课程的校本建构

课程 年级 分类		智慧课堂	智慧社团	智慧赛事		智慧大课间	智慧家庭
				智慧体育节	校外赛事		
六年级	下学期	反手攻球1 反手搓球1 对墙正手击 反弹球 1VS1	乒乓球美 好派课程	校内乒乓球 比赛	乒乓球比赛	美好乒乓创 编操 各班级活动	乒乓赛乒 乓4
	上学期	正手快攻2 正手搓球2 台面推挡 1VS1	乒乓球美 好派课程	校内乒乓球 比赛	乒乓球比赛	美好乒乓创 编操 各班级活动	乒乓赛乒 乓5
	下学期	反手攻球2 反手削球2 接地面反 弹球 1VS1	乒乓球美 好派课程	校内乒乓球 比赛	乒乓球比赛	美好乒乓创 编操 各班级活动	乒乓赛乒 乓6

第四节

积微成著　跬步千里

一、"智慧乒乓"特色项目课程实施

"智慧乒乓"特色项目课程旨在引导儿童健康地锻炼身体，提高儿童的身体素质。"智慧乒乓"特色项目课程的实施主要从以下几方面入手：

（一）构建"智慧乒乓"课堂，有效落实"智慧乒乓"课程

充实而有趣味的课堂是课程落实的有效载体。我们的"智慧乒乓"课堂是充满生命气息的课堂，旨在让每位儿童都能在课堂中自主学习、主动发展、愉悦成长。

"智慧乒乓"课堂是师生和谐共处的课堂。"智慧乒乓"课堂努力实现教学氛围和谐，教学目标和谐，学导互助和谐，过程环节和谐，共性个体和谐。儿童知识、能力、情感、人格等得到全面协调发展。"智慧乒乓"课堂关注儿童思维品质的发展，关注学情，分层施教，从知识点的传授到儿童习惯的养成，一切教育教学行为均包含着"对儿童美好的人生负责"的态度。

"智慧乒乓"课堂是尊重个性差异的课堂。"智慧乒乓"课堂是以儿童为主导，在承认差异、尊重个性的前提下激发思维、焕发活力的课堂。师生互动，生生互动，教师给儿童留出一定的思维空间形成平衡和谐的师生关系和"和而不同"的课堂。

"智慧乒乓"课堂是充满活力的课堂。在轻松民主的氛围中，活动内容有新意，儿童思维活跃；在寓教于乐的活动中，大家有心灵的交流，有思想的碰撞；在美好的课堂中，儿童更加自信、快乐，教师更加亲和，让学习变成享受，让学习变成习惯。

为全面贯彻教育方针，深化实施素质教育，优化整合素质教育因素，促进儿童整体素质的全面提高，"智慧乒乓"课程的教学效果主要体现在儿童体育与健康知识的掌握、运动技能的习得、体能的增强和学习行为的变化等方面。教师要认真研究学习目标、教学内容、教学方法、学习评价等问题，保证教学的有效实施，不断提高教学质量。

"智慧乒乓"课程分为：智运动、智健康、智技能、智品质四大类。

（二）创设"智慧乒乓"体育节，丰富特色项目课程实施氛围

我们"以赛促学""以赛促教"，推行学校"智慧乒乓"特色项目课程的实施，激发儿童参与课程的兴趣。"智慧乒乓"体育节是我校体育与健康课程的一种呈现形式，"智慧乒乓"课程可以沉淀学校体育与健康文化，彰显学校体育与健康特色，为学生搭建体育运动的舞台。丰富多彩的形式能充分体现体育运动的全员性、趣味性、技能性等特点，为儿童的全面发展提供充足的养料，努力让每一个儿童都绽放精彩。"智慧乒乓"体育艺术节的主要表现形式如下（详见表7-4）。

表7-4　合肥市黄山路小学"智慧乒乓"体育艺术节的主要表现形式

序号	主题	参与对象
1	汇乒乓	全体师生
2	说乒乓	全体师生
3	写乒乓	全体师生
4	报乒乓	全体师生
5	赛乒乓	全体师生

（三）"智慧乒乓"特色项目学习型家庭

我校以丰富的校园活动为基础，结合家校共育计划，引导儿童逐渐养成主动学习、主动探究的习惯，营造良好的学习型家庭氛围，构建有特色的学习型家庭。让共同学习、共同进步、共同成长成为家长与孩子之间的沟通桥梁，从而提升家庭的幸福指数。通过家长参与儿童学习活动的参与率，家长给孩子树立的学习榜样的影响力，促进儿童的全面发展。我们表彰一批"学习型家庭"，并在家长会上进行颁奖号召全校家庭以提高家庭生活质量和家庭成员适应社会发展变化的能力为目标，以成员之间的互帮互学、交流沟通来营造和谐温馨、积极向上的家庭氛围，形成科学文明健康的生活方式。

三、"智慧乒乓"特色项目课程评价

（一）"智慧乒乓"课堂的评价标准

有效的评价是课程顺利实施的保障。"智慧乒乓"课堂的评价采用多元评价的方式，注重评价的可信度。评价的过程要做到公平、公正、公开、客观，也要关注教师与儿童的个体差异，并注意及时回馈评价信息，让评价成为课程的一部分，课堂评价表如下（详见表7-5、7-6、7-7、7-8）。

表7-5　合肥市黄山路小学"智慧乒乓"课堂评价表

课题名称		上课时间			
内容	评价指标		符合	基本符合	待改进
教学设计	1. 教材、学情分析得当，无科学性错误； 2. 教案结构完整，条理清晰，字迹工整； 3. 体现新课程、新教材改革的精神和理念； 4. 教学设计层次分明，教学策略适当； 5. 教学设计涵盖的知识容量、密度适中。				
教学目标	1. 三维目标明确，符合新课标、新教材要求，与学生自身的心理特征和认知水平相适应； 2. 能够激发学生的学习兴趣，重视学习习惯的养成和学习能力的培养； 3. 充分挖掘教材中的思想教育因素，寓情感、态度和价值观教育于课堂教学的过程之中。				
教学内容	1. 准确把握教学内容逻辑，重点突出，难易适度； 2. 注意联系儿童生活、社会实际和儿童已有的经验知识，有效拓展教学资源。				
教师教法	1. 教学思路清晰，每个环节紧紧围绕既定的教学任务与目标，突出重点和难点； 2. 课堂结构合理，知识的教学、技能的训练、能力的培养处理得当，符合教材内容要求，重在把知识转化为能力； 3. 善于运用启发性教学方法，教学方法灵活多样、得当，信息传递方式多元化，教学中互动模式多样； 4. 面向全体儿童，兼顾个体差异，注重儿童有效参与；				

特色项目课程：体育特色课程的校本建构

内容	评价指标	符合	基本符合	待改进
	5. 课堂组织、调控能力强，对突发情况处理及时、恰当，能根据教学反馈信息及时调整教学活动； 6. 能为儿童提供和创造适宜的学习条件和环境，为儿童自主学习指明方向，创设探究情景，培养儿童思维能力、创新能力及意识。			
学生学法	1. 根据儿童实际指导学法，善于引导儿童自主学习、合作学习和探究学习，激发儿童的学习兴趣； 2. 解决难点的方法有效，指导具有针对性、启发性、实效性； 3. 为儿童的学习设计并提供合理的学习资源，促成新的学习资源的生成； 4. 课堂气氛和谐，师生关系融洽，绝大多数儿童情绪高，积极参与课堂教学活动，思维活跃，保持浓厚的学习与探究愿望，不同层次的学生都参与； 5. 儿童有自主学习的时间，体现经验建构和探究式的学习过程，培养儿童独立思考的能力，能在学习中主动提出问题。			
教学效果	1. 儿童在学习中有积极的情感体验，表现为好学、乐学、会学，并形成正确的价值观； 2. 儿童能基本掌握课程标准所要求的知识和技能，在学会学习和解决实际问题方面形成一些基本策略； 3. 儿童认真参与课堂教学评价活动，积极思维，敢于表达和质疑； 4. 时间利用得当，圆满完成教学任务，达到预期目标，不同层次儿童都能学有所得，体验到成功的愉悦。			
教师素养	1. 正确把握知识、思想和方法，重视教学资源的开发与整合； 2. 有较丰富的组织和协调能力，有教改创新精神，有独特良好的教学风格； 3. 教学语言准确、精确、精练，有感染力，问题解决能力较强，板书工整、合理； 4. 现代教学技术手段设计应用适时适度，操作规范熟练。			
评课等级和评语				

表7-6 合肥市黄山路小学"智慧乒乓"课程学习行为小组记录表

_____科目　　　　　　　　　　　　　　记录员（体育小组长）：_____

姓名	课次/周次 评价 内容	第___周 星期___	第___周 星期___	第___周 星期___	第___周 星期___	……	总分
李××	态度与参与	★■▲◇×	★■▲◇×	★■▲◇×	★■▲◇×	……	……
	情意与合作	★■▲◇×	★■▲◇×	★■▲◇×	★■▲◇×		
赵××	态度与参与	★■▲◇×	★■▲◇×	★■▲◇×	★■▲◇×	……	……
	情意与合作	★■▲◇×	★■▲◇×	★■▲◇×	★■▲◇×		
……	态度与参与	★■▲◇×	★■▲◇×	★■▲◇×	★■▲◇×	……	……
	情意与合作	★■▲◇×	★■▲◇×	★■▲◇×	★■▲◇×		
评分标准	态度与参与	★积极参与课内外体育与健康活动，并认真接受教师指导。 ■参与课内外体育与健康活动较积极，接受教师指导较认真。 ▲能够参与课内外体育与健康活动，或者有过病假、事假。 ◇极少参与课内外体育与健康活动，或者有迟到、早退现象。 ×旷课。						
	情意与合作	★乐于助人，敢于展示和挑战自我，能克服困难、坚持不懈，能为团队的成功积极主动地与同伴配合。 ■较好地表现出帮助他人，愿意展示和挑战自我，能克服困难、坚持不懈，能为团队的成功配合同伴。 ▲有帮助他人、展示和挑战自我、克服困难、团结合作等表现。 ◇缺乏帮助他人、展示和挑战自我、克服困难、团结合作等表现。 ×旷课。						

表7-7 合肥市黄山路小学"智慧乒乓"课程学习成绩个人评价表

_____科目　　　　　　　姓名_____　　　　　　　性别_____

评价内容	评价范围					综合评分
	项目		体能1	体能2	体能3	……	
体能	期初	测试成绩					
		分数					
	期末	测试成绩					
		分数					
	进步幅度	进步成绩					
		分数					
	单项评定分数						

评价内容	评价范围					综合评分
知识与技能	项目	知识与技能1	知识与技能2	知识与技能3	……	
	单项评定分数					
态度与参与						
情意与合作						
评语					总分	
					等级	
	签名：					

表7-8　合肥市黄山路小学"智慧乒乓"课程学习成绩总表

_____科目　　　　　　　　　　　　　　　　　　　　学生数_____

评价内容＼姓名	体能	知识与技能	态度与参与	情意与合作	总分
李××					
赵××					
……					

　　　　　　　　　　　　　　　　　　　　　　　　　　任课教师：_____

（二）"智慧乒乓"体育艺术节评价标准

1. 比赛通过循环赛决出胜负，体现评价的民主性、公平性、客观性。

2. 以手抄报、电子报等形式呈现的作品择优后进行展示，用这些优秀作品装饰校园、美化校园，提升儿童的文化认同感，激发儿童的自信心。

3. 运用"活动日记"或者"活动反思"记录儿童对活动的感受，丰富儿童对节日课程的认识，体育艺术节评分表如下（详见表7-9）。

表7-9　合肥市黄山路小学"智慧乒乓"体育艺术节评分表

标准\项目	科学性（25分）	先进性（25分）	时效性（25分）	实践性（25分）	合计
汇乒乓					
说乒乓					
写乒乓					
报乒乓					
赛乒乓					

（三）"智慧乒乓"学习型家庭的评价标准

1. 家庭学习氛围好

家庭成员学习兴趣浓厚，学习成为家庭生活不可缺少的重要组成部分，家庭成为学习的重要学习场所。家风正，家庭成员关系融洽，生活方式文明、科学、健康；重视智力投资，家庭对学习的投入有明显体现（家中有足球、篮球等运动器材，至少订阅一份体育类报纸杂志，家庭学习的环境逐步改善等）。

2. 建立交互式学习模式

家教有方，父母带头学习，注重言传身教。与子女在平等、民主、相互尊重的基础上，建立畅通无阻的沟通渠道，形成相互关心、相互支持、共同发展的温馨氛围，促进家庭成员的共同进步。

3. 合理配置家人共同学习、交流分享的时间

家庭成员坚持收听、收看新闻节目，关心市、区、国内外大事；每天工作之余能安排一定时间（不少于半小时的）自觉学习，并能长期坚持或形成习惯；积极利用图书馆、书店、社区教育、学校等社会体育教育资源，多渠道开展家庭学习；经常交流学习体会，共享学习成果；不断丰富业余文化生活，家庭生活充满活力和正能量。

4. 积极参与体育活动

积极参与各项体育活动，善于利用社会信息资源支持家庭学习，重视学习理论知识。在工作中学习，不断提高适应外部环境变化、增强自主学习意识和理智地化解家庭矛盾等能力。家庭学习质量不断提高，学习成果明显，邻里关系融洽，家庭参与社会的交往能力、生存能力和竞争能力不断提高。

综合上述几个方面，我们设置了合肥市黄山路小学"智慧乒乓"学习型家庭评分表，具体内容如下（详见表7-10）。

表7-10　合肥市黄山路小学"智慧乒乓"学习型家庭评分表

姓名 ＼ 评价维度	氛围	学习模式	学习时间	交流分享	参与度	合计

通过多维途径的课程实施与评价，让每个孩子在"智慧乒乓"学习的过程中，获得体育与健康的知识及基本技能，体验体育与健康的乐趣，提高运动知识与技能，培养尊重客观事实的理性精神、奥林匹克奋勇拼搏精神，从而落实学习的目标。

利用"智慧乒乓"的课程传授学生乒乓球相关知识与技能，旨在提高学生的身体心理素质，丰富学生的课余生活。"智慧乒乓"的训练是长期的，也是潜移默化的，教师需要有足够的耐心与毅力，一点一点地提高学生的乒乓球技能。

"智慧乒乓"以丰盈而富有逻辑的课程体系、多维而灵活的实施途径、多元的评价方式为抓手，深入落实体育与健康的理念，达成学科课程的目标，持续发展学生素养，提高学生终生体育锻炼意识。

（撰稿人：　袁飞　马慧雨）

第八章

阳光是温暖的、多彩的、柔和的、充满向上生长力量的。阳光健身操让生命的活力充分涌流，让每一个生命都能够向着阳光茁壮、健康、快乐地成长，绽放出独特的生命光彩。我们坚信，孩子们的笑脸是最灿烂的阳光，让孩子们向着阳光茁壮成长是教育最美好的图景，让每一个孩子内心充满阳光是教育的神圣使命。

阳光健身操：
在阳光下茁壮成长

　　合肥市金湖小学体育组，有专职体育教师 11 人。其中国家舞蹈啦啦操一级教练员 1 人；国家二级舞蹈啦啦操教练员 3 人、国家二级技巧啦啦操裁判员 1 人；国家二级健美操裁判员 1 人。我校体育组是一个年轻、有活力、有能力、能战斗、热情高、充满正能量的优秀集体。体育老师们工作认真、扎实、规范、团队合作意识强，吃苦耐劳，乐于奉献。我校在实施阳光体育课程建设的过程中，重点发展阳光健身操项目，我们始终坚持"人无我有，人有我精，人精我特"的思路，让学校阳光健身操课程品质更优，特色更显。自我校推进阳光健身操特色项目建设以来，校啦啦操队参加了国际、国家、省、市、区级各类比赛，均取得优异的成绩。 2017 年 3 月，我校被国家体育总局体操运动管理中心授予"全国啦啦操实验学校"； 2018 年 7 月，被授予首批"全国校园大课间啦啦操推广实施单位"。我校的学生也变得更加自信、阳光、充满活力，他们不仅强健了体魄，还培养了优秀的体育品格。

第一节

品味健身操的文化内涵

　　课程建设是教育永恒的课题。落实课程理念，使得老师们从传统的课程传递者转变为课程的创生者，从原来的教学者转变为课程的研究者，推进特色体育课程，打造学校体育特色，促进学校、教师、学生的共同发展，将是我们体育人永恒的追求。当前"中国学生体质接近 30 年持续下降"；"上了12 年体育课什么也没学会"；"学生们喜欢体育运动但不喜欢体育课"等问题的出现，让我们体育人更加坚信要进行体育课程的建设。因此，我们在学校阳光谷课程的总体框架下提出了阳光体育课程，其中阳光健身操是我校体育课程中的重点特色项目。阳光健身操深受广大学生喜爱，它集体操、舞蹈、音乐、健身、娱乐于一体，让学生在体育锻炼中增强体质、健全人格、锻炼意志。

一、学科价值追求

　　《义务教育体育课程标准（2011 年版）》指出："体育与健康课程是学校课程的重要组成部分。本课程是以身体练习为主要手段，以学习体育与健康知识、技能和方法为主要内容，以增进学生健康，培养学生终身体育意识和能力为主要目标的课程。它具有基础性、实践性、健身性、综合性等特点。"[1] 基于这种认识，我们认为阳光健身操课程的核心价值是培养学生在

---

[1] 中华人民共和国教育部. 义务教育体育与健康课程标准（2011 年版）[S]. 北京：北京师范大学出版社，2012：1.

阳光下健康、快乐地成长，以学习体育与健康知识、技能和方法为主要内容，养成积极主动的锻炼习惯，培养学生公平竞争、追求发展的精神，同时提高学生的思想道德素质、文明礼仪素养、身体健康和心理健康素质，为学生终身体育发展打下坚实基础。

二、特色项目理念

阳光哺育万物，温暖祥和，万物在阳光的普照下茁壮成长，阳光健身操是在音乐伴奏下，以身体练习为基本手段，以有氧运动为基础，达到增进健康、塑造形体和娱乐为目的的一项深受学生喜爱的体育运动项目。它具有趣味性、主体性、合作性、发展性、创造性等特征。我们用阳光健身操为手段之一来提高学生的身体素质，培养学生积极、乐观、向上的精神。

进行阳光健身操课程建设是贯彻落实"立德树人、健康第一"教育理念的时代要求，是落实我校"阳光体育，健康成长"办学特色的具体体现。阳光健身操强调以学生的发展为本，将学生培养成为健康向上的阳光少年，让每一位学生内心都充满阳光。

"阳光健身操"是"健康快乐"的体育，是培养学生身心俱健的体育。阳光健身操能够让学生增强体质、塑形美体、培养乐感、愉悦身心、奋勇进取、锻炼意志，同时养成团结协作、友爱互助的良好品德，让学生成长为健康、快乐、活力、向上的阳光少年。

"阳光健身操"是"炫酷多彩"的体育，有丰富的学习内容和多样的学习方法，它具有时代感，可以在学习和训练中融入一些时尚元素，让学生在五彩斑斓的健身操世界中学习体育技能、拓展体育知识、培养品格、开拓视野、发扬个性。

"阳光健身操"是"终身相伴"的体育，重在培养学生学习体育的兴趣，教会学生体育锻炼的方法，培养学生阳光健康的生活方式和行为习惯，让体育锻炼成为陪伴孩子终身的朋友。

第二节

感受阳光健身操的健与美

一、课程目标

　　《义务教育体育课程标准（2011版）》指出：通过课程的学习，学生将掌握体育与健康的基础知识、基本技能和方法，增强体能，学会学习和锻炼，发展体育健康实践与创新能力，体验运动带来的乐趣，养成良好的体育锻炼习惯，发展良好的心理品质、合作与交往能力，提高自觉维护健康的意识，基本形成健康的生活方式和积极进取的生活态度。

二、特色项目目标

　　依据国家标准以及小学生的年龄特点，我校开展了阳光健身操特色项目。健身操是一项团体运动，不仅可以锻炼身体，还有利于培养学生的集体意识，增强学生的身体素质，营造民主和谐的校园氛围。根据我校具体情况，体育教研组提出"阳光健身操，让每一位孩子健康成长"的特色项目总目标。总体目标如下：学生了解健身操项目的相关知识，培养学生的运动兴趣和参与意识。学生在掌握基本健身操的知识和方法，塑造良好体形和身体姿态的同时，形成积极的体育行为和乐观开朗的人生态度。基于上述目标，我们查阅了相关材料，结合我校"阳光教育"的课程理念，将"阳光健身操"特色项目年段目标设置如下（详见表8-1）。

表 8-1 合肥市金湖小学"阳光健身操"特色项目年段目标设置表

分类 目标 学段		阳光课堂	阳光社团	阳光赛事	阳光大课间	阳光生活
一年级	上	形成初步有关健身操类知识的概念	激发学生参与健身操运动的兴趣	遵守运动规则并初步形成自我规范的体育行为	激发学生参与健身操运动的兴趣	培养学生的运动兴趣
	下	获得健身操运动的基本知识和体验	培养学生进行健身操锻炼的意识	树立公平公正公开的观念，学会调控情绪	培养学生团结向上，遵规守纪的意识	养成良好的运动习惯
二年级	上	进一步掌握广播操的动作要领	通过健身操锻炼培养学生的乐感	培养学生团队合作意识，增强凝聚力	培养学生的锻炼意识和习惯	培养良好的身体姿态
	下	激发学生对啦啦操的浓厚兴趣	通过健身操锻炼增强学生的体质	体验通过努力获得成功的喜悦感	提高学生参加体育锻炼的积极性	享受健身操学习带来的乐趣
三年级	上	培养学生正确的身体姿势和节奏感	改善学生的体形和身体姿态	在体育比赛中爱护与帮助同学	与音乐相结合，陶冶学生情操	培养良好的组织纪律
	下	熟练掌握啦啦操基本手位等动作	通过啦啦操培养学生团结协作的精神	增强运动能力，激发潜能	改善学生的体形和身体姿态	积极参加多种体育活动，增强体质
四年级	上	熟练掌握简单的操化动作	促进学生的身心发展	在体育活动中表现出克服困难的意志品质	放松学生身心，舒缓精神	发展赏识体育美的能力
	下	通过啦啦操提高学生的身体素质	在啦啦操活动中学会交流合作与帮助他人	在体育比赛中注意调节自己的情绪	提高学生运动锻炼的水平	提高身体协调性和灵活性
五年级	上	通过啦啦操不断提高学生的身体控制能力	在学练过程中提高自信心和意志品质	正确认识、对待身体条件和运动能力的差异	学会通过体育活动进行积极性休息	发展柔韧性、灵敏性、速度和力量
	下	充分发挥学生的积极性，使其体验成功的乐趣	通过啦啦操学习学会充分展示自我	在体操活动中能较好地履行自己的职责	感受不同体操活动带来的乐趣	培养学生大胆体验的良好心理素质

目标 分类 学段		阳光课堂	阳光社团	阳光赛事	阳光大课间	阳光生活
六年级	上	培养学生的创造力和想象力	发展学生的个性，促进身心健康	培养学生集体荣誉感和社会责任感	发展学生的个性，促进身心健康	增加学生展现自己的勇气
	下	培养学生欣赏体育美的能力	丰富学习经历，提升综合素质	形成良好的体育道德意识，学会尊重他人	全面提高学生的身体素质	发展学生的综合体能

第三节

丰富多彩的阳光健身操课程

"阳光健身操"根据体育与健康课程标准，结合小学生身心发展特点，改变了以往枯燥乏味的体育课形式，在教学中与音乐相结合，采用生动形象的教学模式提高学生的学习兴趣。在赛事以及生活中提高学生纪律意识，培养其团队合作与沟通能力，为发展其终身体育能力打下良好基础。

一、学科课程结构

为实现上述目标，在我校"阳光体育"课程的大框架下，我们将"阳光健身操"特色项目划分为阳光课堂、阳光社团、阳光赛事、阳光大课间和阳光生活五大板块，示意图如下（详见图8-1）。

图8-1　合肥市金湖小学学科课程框架图

具体表述如下：

1. "阳光课堂"主要以体育运动技能的学习为主。学校每学期设置6—8个课时安排学生学习特色课程"阳光健身操"。我校的"阳光健身操"课程包括啦啦操、健美操、各类球操、武术操等，其中健身操类活动根据不同水平段的学生分成了三个阶段，水平一主要包括基本手位和基本步伐的练习，培养学生的乐感。水平二在水平一的基础上又增加了啦啦操的简单规定套路学习，提高学生的艺术表现力。在水平三阶段，为了发展学生的创造力和想象力，除了规定套路的学习外，增加了创编啦啦操的教学。在整个小学的阶段，始终贯穿了形体和提高各项身体素质的练习。

2. "阳光社团"主要包括啦啦社团和啦啦操校队。它们在极大程度上填补了不同年级学生在课堂上学习此类项目的空缺，丰富了他们的课余生活。社团课程在体育课堂教学的基础上，对学生提出些相对较高的要求，提高学生此项运动的能力，为校队培养后备力量。

3. "阳光赛事"分为校内赛事和校外赛事。每年的"阳光健身操"赛事种类繁多，其中包括广播操比赛、"金色阳光"特色课间操比赛、亲子啦啦操比赛、室内操舞创编大赛、健身操云赛事、创编啦啦操比赛、眼保健操比赛、球操比赛等等；同时，我校也积极组队参加各级各类比赛，比如全国啦啦操比赛，省、市、区各大健身操舞比赛，成绩斐然，得到学生、家长、社会的一致好评。

4. "阳光大课间"是我校特色项目之一，包括第三套广播体操"七彩阳光"、金小特色课间操"金色阳光"和跑操活动。我校的大课间活动在安徽省首届中小学大课间评比中，脱颖而出，荣获安徽省一等奖。不仅如此，我校还进行室内大课间活动，即使在恶劣的天气条件下，仍然能让我们学生的身体得到锻炼。

5. "阳光生活"的最终目的是培养学生终身体育的意识，运用课堂所学进行日常身体锻炼。我校通过网上亲子锻炼和网上运动打卡等形式，培养学生的沟通合作意识，提高学生对运动锻炼的兴趣。

二、学科课程设置

我们以"阳光教育"为载体，落实"健康第一"的指导思想，遵循学生身心健康发展及成长规律，基于体育与健康的五大方面和我校健身操特色项目发展实际，逐步完善特色项目的课程设置，进一步培养学生积极主动地进行体育锻炼，让学生在锻炼中成为一个积极向上、活力四射、坚韧不拔的阳光少年。合肥市金湖小学"阳光健身操"特色项目课程设置表如下（详见表8-2）。

表8-2 合肥市金湖小学"阳光健身操"特色项目课程设置表

课程 分类 年级		阳光课堂	阳光社团	阳光赛事		阳光大课间	阳光生活
				校内赛事	校外赛事		
一年级	上学期	广播操 乐感与形体	啦啦操社团	亲子啦啦操比赛	—	广播体操 校园特色操 室内操大课间 跑操 眼保健操	亲子锻炼
	下学期	广播操 校园特色操 乐感与形体 基本手位	啦啦操社团	广播体操比赛 校园特色操比赛	—	广播体操 校园特色操 室内操大课间 跑操 眼保健操	亲子锻炼
二年级	上学期	广播操 校园特色操 乐感与形体 艺术性培养	啦啦操社团	广播体操比赛 校园特色操操比赛 眼保健操比赛	—	广播体操 校园特色操 室内操大课间 跑操 眼保健操	亲子锻炼
	下学期	广播操 校园特色操 乐感与形体 基本手位与步伐	啦啦操社团	广播体操比赛 校园特色操操比赛 亲子健身操比赛	—	广播体操 校园特色操 室内操大课间 跑操 眼保健操	亲子锻炼
三年级	上学期	啦啦操简单套路 乐感与形体 身体素质练习	啦啦操社团 啦啦操校队	啦啦操小组合比赛 室内创意操舞大赛	啦啦操比赛	广播体操 校园特色操 室内操大课间 跑操 眼保健操	亲子锻炼
	下学期	啦啦操简单套路 乐感与形体 身体素质练习	啦啦操社团 啦啦操校队	啦啦操简单套路比赛	区啦啦操比赛	广播体操 校园特色操 室内操大课间 跑操 眼保健操	亲子锻炼

课程 分类 年级		阳光课堂	阳光社团	阳光赛事		阳光大课间	阳光生活
				校内赛事	校外赛事		
四年级	上学期	啦啦操队形变换练习 啦啦操规定套路 乐感与形体 身体素质练习	啦啦操社团 啦啦操校队	啦啦操队形设计比赛	区啦啦操比赛	广播体操 校园特色操 室内操大课间 跑操 眼保健操	云锻炼
	下学期	啦啦操队形变换练习 啦啦操规定套路 乐感与形体 身体素质练习	啦啦操社团 啦啦操校队	啦啦操规定套路比赛	市啦啦操比赛	广播体操 校园特色操 室内操大课间 跑操 眼保健操	云锻炼
五年级	上学期	啦啦操规定套路 创编啦啦操 乐感与形体身体素质练习	啦啦操社团 啦啦操校队	啦啦操云赛事	区啦啦操比赛	广播体操 校园特色操 室内操大课间 跑操 眼保健操	云锻炼
	下学期	啦啦操规定套路 创编啦啦操 乐感与形体身体素质练习	啦啦操社团 啦啦操校队	创编啦啦操比赛	市啦啦操比赛 全国啦啦操比赛	广播体操 校园特色操 室内操大课间 跑操 眼保健操	云锻炼
六年级	上学期	创编啦啦操 啦啦操自选套路 乐感与形体身体素质练习	啦啦操社团 啦啦操校队	创编啦啦操比赛	市啦啦操比赛	广播体操 校园特色操 室内操大课间 跑操 眼保健操	云锻炼
	下学期	创编啦啦操 啦啦操自选套路 乐感与形体身体素质练习	啦啦操社团 啦啦操校队	啦啦操自选套路比赛	全国啦啦操比赛	广播体操 校园特色操 室内操大课间 跑操 眼保健操	云锻炼

第四节

用阳光健身操打造阳光少年

我校的"阳光体育"课程，是让全体学生走向操场、走到阳光下、走进大自然，以参加体育锻炼为主要手段，以培养"阳光、健康、快乐、灵动、向上的阳光少年"为目标的课程。而"阳光健身操"作为我校的体育特色项目，更能促使这个目标的实现，培养学生树立终身体育的健康理念。"阳光健身操"特色项目具体实施如下：

一、打造"阳光课堂"，提升课程品质

"阳光健身操"特色项目体现尊重、健康、快乐、进步的特点，兼顾趣味性、主体性、合作性、发展性、创造性，促进学生健康成长。

（一）"阳光健身操"特色课堂的实施

1. 趣味引导，精讲多练

教师备课时，要了解学生的基础，掌握学生的学习兴趣，根据学习内容，选择相应的教学资源（微课、音乐、视频、图片等），创设学生感兴趣的情景，激发学生参与的积极性。课堂上教师尽量用精练的语言，如口诀、儿歌、节奏等，让学生快速记住要点，然后在实践练习中，多体会，从而掌握技能。

2. 因材施教，分层教学

教师要尊重学生的个体差异，针对学生的基础和学习进度实施分层教学。培养和发展体育骨干，为分层分组教学提供助力，使不同基础层面的学生都有进步，同时又达到培优的目的。

3. 小组协作，探究学习

在"阳光健身操"特色课堂的实施中，是以学生的练习和教师引导为主。在学生练习中，教师主要以小组为单位进行，引导小组进行合作练习，小组间总结反馈，解决练习中存在的问题，并进行深入探究拓展，教师及时地进行必要的评价引导。在小组练习中，学生学会了团结协作、探究发现，充分发挥了学生的主观能动性。

4. 德育为先，阳光向上

"阳光健身操"特色课堂的实施，是以发展学生素质，培养学生集体主义、爱国主义和社会主义精神，促进学生德、智、体、美全面发展为目的。"阳光健身操"特色课堂多以小组合作学习为主。在合作中，最易进行团结协作、奋勇进取、友爱互助、礼貌待人等品德教育，使学生成长为健康向上、快乐灵动的阳光少年。

5. 加强学习，提高效能

体育组教师定期有序地开展教研活动，学科教研组每学期都认真制定好各学段学校特色校本课程的学期教学计划、单元教学计划，及时进行阶段教学总结，进行集中备课和课堂教学的探讨与总结，不断完善教学管理，提高教学水平，始终保持一种高效、团结、进取的工作状态。

（二）"阳光课堂"评价要求

"阳光健身操"特色课堂关注过程性评价，主要依据学生的体能水平、动作技能的掌握程度、学习过程中的态度与参与情况、活动中的情意与合作表现，教师教学方法的使用，以及所达到的教学效果，制定出我校"阳光健身操"特色课堂的评价标准如下（详见表8-3）。

表8-3　合肥市金湖小学"阳光课堂"评价标准

课题		执教人		评课人		班级	
维度		A	B	C	D		
		85—100分	75—84分	60—74分	60分以下		
因材施教	趣味性20分	1. 目标明确。学习目标制定明晰、正确、规范，目标具体且可测评。以学定教。 2. 立足学生已有的基础，充分考虑学生的兴趣，根据学习内容，挖掘各种教学资源，创设学生感兴趣的情景，调动学生的学习热情。 3. 因材施教。课题教学的各个环节关注学生的个体差异，兼顾各个层面的学生。					

维度		A	B	C	D
		85—100 分	75—84 分	60—74 分	60 分以下
学有所获	主体性 20 分	1. 活动自主。体现让学生自主"发现问题、提出问题、分析问题、解决问题"的原则。 2. 赏识激励。关注学习过程，课程评价及时、准确、丰富，以激励、欣赏为主。 3. 寓教于乐。教态亲切，语言亲和，方法灵活，气氛和谐。			
	知识与技能 15 分	1. 分层掌握。根据学生基础，提出不同的目标要求，使每位学生在课堂中都有收获。 2. 达成目标。课堂教学的实施能够基本实现教学目标。大部分学生能够掌握知识与技能，并进行初步运用。			
	态度与参与 15 分	1. 互帮互学。有效进行小组合作学习。 2. 乐学善述。学生的思维有广度和深度，在小组合作中起到相应的作用。 3. 积极参与。在学习过程中学生积极、投入、气氛活跃。			
	情意与合作 15 分	1. 乐于合作。课堂上，在游戏与小组合作练习等活动中，学生配合默契，相处融洽。 2. 勇于克难。对于课堂上遇到的难题采取积极面对、勇于解决、坚持完成的态度。遇到挫折不抱怨，采取积极的应对态度。 3. 积极交流。课堂上乐于与他人交流，接受合理的建议，愿意尝试新方法。			
拓展创新 15 分		引导、提醒学生挖掘运动项目的新玩法，发现小组合作更有效的配合方法，以及解决问题简洁有效的方法。			

二、组建"阳光社团"，发展学生兴趣特长

"阳光健身操"特色社团是"阳光健身操"特色课堂的延伸与拓展。社团活动的开展丰富了学生的课余生活，满足了学生的个性化需求，在一定程度上提高了学生参与的积极性和自信。

（一）"阳光社团"活动的实施

我校健身操类特色社团有啦啦操社团和啦啦操校队。根据该项目特点和课程目标推进的需要，社团每周开设 1—2 节课，指导教师负责做好活动期间的安全教育工作。"阳光健身操"社团活动,学期初有方案，有指导，学期末有总结。每次活动目标明确，活动过程完整。依据学校教育教学计划安排，"阳光健身操"社团活动分三阶段进行：

基础阶段：第 1—2 周拟定方案，宣传动员，组织实施。

实施阶段：第 3—14 周。

成果展示阶段：第 15—17 周。

在"阳光健身操"特色社团中，选拔表现突出、素质较好的学生组成啦

啦操校队。校队在社团课的基础上，每周增加1—2节专业性训练课，在有校内外重大赛事或表演时，再进行集中训练。

（二）"阳光社团"活动评价

我校通过"阳光健身操"特色社团的训练、竞赛活动，带动和促进阳光健身操课程向深入开展，满足学生进一步学习提高的需要。"阳光健身操"特色社团活动从社团管理、社团活动、展示宣传、社团成果等方面制定评价表，及时对社团活动进行总结与改进，合肥市金湖小学"阳光健身操"特色社团活动评价表如下（详见表8-4）。

表8-4 合肥市金湖小学"阳光健身操"特色社团活动评价表

社团		负责人		参评人	
评价项目	评价标准				得分
社团管理 20分	社团管理制度完善，实施方案、计划、进度完备。（5分）				
	社团规模适度，人数适合，成员信息完备。（5分）				
	社团成员事务分工合理，成员间团结合作，工作协调有序。（5分）				
	服从学校管理，按时参加各项会议，及时递交相关材料。（5分）				
	活动场地及体育器材管理规范，有专人负责。（5分）				
社团活动 50分	社团活动有计划方案、流程记录、考勤、活动总结、活动图片。（10分）				
	活动内容与主题一致，积极健康，符合学生发展特长需要，有利于提高技能水平。（20分）				
	活动环节安排合理，组织有序，学生参与积极性高。（10分）				
	活动场所保证安全，环境卫生保持良好。（10分）				
宣传展示 20分	主动参与校内大型活动，能开展对外开放活动，且主题突出，特点鲜明，受师生的欢迎，有一定的影响。（10分）				
	积极参加并承担教育部门及学校组织的相关体育活动。（5分）				
	每次活动有海报或新闻媒体宣传报道，有一定的影响。（5分）				
社团成果 10分	以社团或校队名义参加校内、外大型赛事或展示活动，并获得名次或好评。（10分）				
合计					

三、开展"阳光大课间"，丰富学生的校园生活

我校的"阳光大课间"活动，内容丰富，形式多样，组织规范。阳光大

课间活动在内容的设置上，以阳光健身操内容为主，辅助其他运动内容与形式。不仅如此，学校还经常征求全校师生和家长的意见、建议，不断改进和完善大课间内容和形式，促使学生有效掌握多项运动技能，保证每天达到有效的锻炼。

（一）"阳光大课间"的实施

我校把"阳光大课间"活动时间列入课表，切实保证学生在校每天一小时的体育活动时间。"阳光大课间"分上午、下午两个时间段进行，周二至周五上午8：40—9：10进行"两操一活动"，即第三套广播体操"七彩阳光"、学校特色课间操"金色阳光"以及各类民族传统项目活动（跑操、踢毽子、跳绳、跳房子等）。10：50—10：55进行眼保健操。"阳光大课间"活动有规定内容，有自选内容，还有创编内容，每个孩子都能找到自己喜欢的运动项目，积极地参与到活动中去，从而促使每一位学生都能以健康的心理、强健的体魄、高昂的热情投入到每一天的校园学习生活中。

（二）"阳光大课间"的评价

"阳光大课间"的评价通过领导每周检评、每日常规检查、师生调查问卷、家长座谈等形式进行。

领导检评：负责领导从体育教师组织活动情况、各班负责教师跟班活动情况、班级活动质量，以及班级进退场秩序各方面进行评价，每周总结反馈。

每日常规检查：学校德育处把大课间活动归入学校一日常规检查内容。组织大队部学生干部对大课间各班出勤、出操速度、动作完成质量、组织秩序、精神面貌等方面进行打分，每周汇总，作为每周班级评优的依据之一。

师生调查问卷：每学期期中，向部分学生和全体教师发放"阳光大课间"活动项目设置的意见及建议调查问卷，内容包括对现阶段大课间实施情况的评价，存在的问题及解决方法、建议等。

家长座谈：学校利用家长开放日，组织家长参观大课间活动，对活动的内容和形式，以座谈会的形式收集家长们的评价、意见和建议，不断改进和完善"阳光大课间"活动。

四、组织"阳光赛事"，激发学生参与热情

我校"阳光健身操"赛事活动内容丰富多彩，形式多样，通过更加广泛

的群体参与竞赛活动的形式，夯实"阳光健身操"特色社团的基础。通过竞赛带动，促进我校"阳光体育"课程的深入开展。

（一）"阳光赛事"的实施

我校"阳光赛事"分为阳光体育节和校外各级体育比赛。"阳光健身操"比赛是阳光体育节中的重要赛事，不仅有单项的健身操类比赛，如广播操、特色创编操、武术操、眼保健操、室内创意操舞大赛等，还把队列队形比赛、各类健身操表演项目等，穿插在阳光体育节其他赛事活动或开、闭幕式中，充分地展示了我校阳光健身操教学特色，吸引了更多的孩子加入健身操运动，并更加热爱健身操运动。这些赛事赛前有方案、动员、规程，赛中有安全保障措施，赛后有总结反思。合肥市金湖小学"阳光体育节"赛事安排表及健身操项目参与形式如下（详见表8-5）。

表8-5　合肥市金湖小学"阳光体育节"赛事安排表及健身操项目参与形式

赛事名称	参与对象	时间安排	参与形式
体育达标运动会	全体学生	十月下旬	队形及成套动作展示
年级篮球联赛	四至六年级学生	十一月下旬	啦啦操暖场、活跃气氛
年级拔河比赛	全体学生	十一月下旬	啦啦操加油助威
趣味运动会	全体学生	十二月下旬	优秀作品表演
春季田径运动会	全校班级组队	四月上旬	开幕式表演
年级跳绳比赛	全体学生	四月下旬	啦啦操加油助威
健身操类比赛（亲子健身、广播体操、眼保健操、武术健身操、健身操云赛事、球类健身操、室内创意操舞比赛）	全体学生或班级健身操团队成员	五月上旬	健身操类单项比赛（根据学校体育教学，安排相应操类比赛项目）

对于校外各级各类的健身操舞比赛，我校都积极组队参加，且获得傲人的成绩。其中，啦啦操校队获得全国啦啦操比赛小学组冠军、意大利国际啦啦操比赛第五名，并多次获得合肥市中小学校园啦啦操比赛小学组一等奖的好成绩。

（二）"阳光赛事"的评价

我校对于阳光健身操赛事活动都有详细的活动方案和计划，有专人负责。每项比赛进行后都会及时进行经验总结，检验实施效果，定位发展方向，不断改进和完善各项赛事，达到推动"阳光健身操课程"深入开展的目的。

金湖小学"阳光健身操"赛事评价办法：根据出勤、着装、队列、动作质量、整齐度、精神状态、团队合作进行打分，评出一、二、三等奖，比例分别为20％、30％、50％，评价表如下（详见表8-6）。

表8-6 合肥市金湖小学"阳光健身操赛事"评价表

赛事名称		赛事类别	
赛事地点		赛事时间	
评价项目	评价要素		得分
赛事保障（20分）	1. 做好计划、预算，各项经费有保证。（5分） 2. 场地、器材标准，设施安全，管理制度完备。（5分） 3. 人员分工合理，及时到位工作。（5分） 4. 医务、安全保卫、水电等后勤保障工作到位。（5分）		
赛事组织（30分）	1. 赛前准备工作充分：购买赛事保险，方案规程合理，场地布置到位，竞赛秩序安排和秩序册编排合理，发放及时到位。（10分） 2. 赛事举办有序，各部门协调配合，风险防范工作到位，应急情况处理及时。（15分） 3. 赛事表彰公平、公正，奖励发放及时，相关文件归档。（5分）		
赛事效果（30分）	1. 对学校师生产生有益影响，能有效提升学校知名度。（5分） 2. 师生参与度高，对提高团队精神、增强师生健身意识，发展学生体能有促进作用。（10分） 3. 促进学校体育教学工作，有利于运动员训练，检验学生运动技能水平，促进体育特色校本课程及课外体育活动工作开展。（10分） 4. 促进校园体育文化建设。推广赛事理念，培养师生体育精神，遵守体育道德，培养公平竞争精神。（5分）		
宣传报道（10分）	利用校园网、新闻媒体、学校微信公众号、班级家长群等信息平台及时进行赛前宣传，赛后报道，且影响良好。（10分）		
总结反思（10分）	赛后及时总结赛事经验，定位发展方向，检验实施效果。（10分）		

五、提倡"阳光生活"，筑牢学生健康生活理念

"阳光体育"课程的最终目的，还是为了培养学生的健康行为习惯。因此，我校把阳光健身操特色教学成果和孩子们的日常生活结合起来，倡导学

生建立合理膳食、均衡营养，"每天锻炼一小时，健康生活一辈子"的健康理念。

（一）"阳光生活"的实施

1. 制定健康食谱，倡导合理膳食

体育教师利用健康保健课堂，指导学生根据营养金字塔，为自己制定健康食谱，并能针对不同季节、不同生理时期、不同运动量调整食谱内容，做到均衡营养，合理膳食。

2. 制定运动健身计划，倡导亲子同练，开启健康生活模式

体育教师指导学生利用所学运动健康知识和运动技能，把对场地、器材要求不高的健身操运动作为主要运动项目，根据自身条件，制定运动健身计划。指导学生在节假日及寒暑假，和家长一起进行亲子同练，每日打卡。

3. 开展健身操"云赛事"，吸引更多孩子参与健身操运动

"云赛事"能够打破课堂的限制，鼓励学生课外学习自己感兴趣的运动技能，给学生更多展示特长的平台，吸引更多的孩子学习健身操。

4. 学生个人或家庭积极参与社会体育活动，体会体育运动的魅力与乐趣

教师鼓励学生积极参加社会体育活动。如长途健步走活动、半程马拉松比赛、迷你马拉松比赛、家庭趣味体育比赛等。在活动中增进亲子关系，发展运动兴趣，增强运动能力，促进社会交际，培养学生健康阳光个性。

（二）"阳光生活"的评价

我校"阳光生活"的评价是结合活动的形式进行引导与评价的。活动全员参与，评选率高，能调动学生的学习积极性，达到提高学习效果，促进学以致用的目的。金湖小学"阳光生活"活动开展及评价表如下（详见表8-7）。

表8-7 合肥市金湖小学"阳光生活"活动开展及评价表

活动	时间	组织形式（班级进行）	评价方式
"亲子同练"健康家庭	寒、暑假	建立家校联系，倡导假期亲子共同进行体育锻炼，锻炼内容每日打卡。每周打卡必须有一次阳光健身操内容。	家长制定健身计划。根据健身计划的合理性、周期性、坚持锻炼的规律性、锻炼的效果以及家庭开展体育活动、参与社会体育活动情况，评选"亲子同练健康家庭"，评选率50%。

活动	时间	组织形式（班级进行）	评价方式
健身操"云赛事"	春、秋季	学生把自己擅长的健身操类成套动作拍成视频，每班推荐十个优秀视频参加学校评比。	学校每学期开展一次健身操"云赛事"，分武术操、健美操、啦啦操、球类操几大类，分学段进行评比，一等奖 20%、二等奖 30%、三等奖 50%。
"三好学生"评比	春、秋季	班级、区级、市级"三好学生"的评选中，体育成绩作为重要的参考项。	1. 体育达标项目全部良好及以上。 2. 有自己的体育特长项目。 3. 会做 1—2 套学校特色操。

健身操以其青春活力、热情奔放的姿态展现在人们面前，巧妙地将音乐、肢体动作和花球等道具结合在一起，让学生在拥有强健体魄的同时享受音乐的魅力，体验音乐的节奏，增强身体的律动感。它是学生锻炼身体、释放压力的良好途径。同时，健身操作为我校阳光课堂、阳光社团、阳光大课间的特色项目，其具有独特的趣味性、娱乐性和创造性，是学校向社会、家长展示金小学子风采的亮点，是体现校风、学风、学生精神面貌的载体，也是建设体育品质课程下的成果。学校大力支持"阳光健身操"特色项目的开发与实践，成立建设领导小组，确定特色项目重点建设的方向，制定并通过特色项目的重点建设规划和培养教师计划，并要求教学硬件设施标准化，配置足够的、多样的健身操教学器材设备，使得特色项目的开发和实施更加规范、科学。

（撰稿人： 刘小平　吴倩　孙梦雅　王业敬　黄童童）

后记

　　2020 年 9 月 21 日，国家体育总局、教育部联合印发《关于深化体教融合　促进青少年健康发展的意见》，明确指出深化体教融合，促进青少年健康发展，要树立健康第一的教育理念，推动青少年文化学习和体育锻炼协调发展，加强学校体育工作等。透过本书内容，我们可以欣喜地发现蜀山区在"体教融合"的发展道路上已经率先走出了铿锵的步伐，蜀山体育迎来新的曙光。

　　回顾本书成书历程，我们经历了从最初满腔热血的构思到研讨的困惑；从实施的苦熬到反思的顿悟。一路走来，各实验校通过"特色项目—学校特色—特色学校"的探索和实施，体育工作正在从碎片化教学到项目式学习蜕变。

　　在此，要特别感谢上海市教育科学研究院杨四耕老师专业耐心的指导，同时感谢蜀山区所有参与此项目的体育人不辞辛苦的付出，为蜀山体育品质课程提升贡献了智慧和力量。

　　通过本书的编写和实施，我们深刻地体会到：体育应该是促进学生体育技能和素养协同发展的教育，体育课程更应该向一体化教学的方向改革。如何借助一个项目的实践寻找学生掌握一项技能的科学规律，是蜀山体育人继续努力的方向。

　　唯进步，不止步！蜀山体育一直在路上……

本书编委会

2021 年 7 月 3 日

学校整体课程规划的七个关键	978 – 7 – 5760 – 0424 – 3	62.00	2021 年 3 月
课堂教学的 30 个微技术	978 – 7 – 5760 – 1043 – 5	52.00	2020 年 12 月
教学诠释学	978 – 7 – 5760 – 0394 – 9	42.00	2020 年 9 月
原点教学:提升区域育人质量的策略研究			
	978 – 7 – 5760 – 0212 – 6	56.00	2020 年 8 月

学校课程发展精品丛书

学科课程群与全经验学习	978 – 7 – 5760 – 0583 – 7	48.00	2021 年 1 月
育人目标与课程逻辑	978 – 7 – 5760 – 0640 – 7	52.00	2021 年 2 月
学科课程与深度学习	978 – 7 – 5760 – 0505 – 9	52.00	2021 年 2 月
学校课程的文化表情:百花园课程的学科指向与深度实施			
	978 – 7 – 5760 – 0677 – 3	38.00	2021 年 2 月
学校文化与课程变革	978 – 7 – 5760 – 0544 – 8	62.00	2021 年 2 月
语文天生重要:语文学科课程群设计	978 – 7 – 5760 – 0655 – 1	44.00	2021 年 2 月
五育并举的课程体系:致良知课程的旨趣与探索			
	978 – 7 – 5760 – 0692 – 6	48.00	2021 年 1 月
学科课程与育人质量	978 – 7 – 5760 – 0654 – 4	48.00	2021 年 1 月
在地文化与课程图谱	978 – 7 – 5760 – 0718 – 3	46.00	2021 年 2 月
中观课程设计与学科课程发展	978 – 7 – 5760 – 0624 – 7	36.00	2021 年 1 月
大教学:英语学科核心素养培育的课程模式			
	978 – 7 – 5760 – 0462 – 5	46.00	2021 年 1 月

特色学校聚焦丛书

不一样的生命,一样的精彩	978 – 7 – 5675 – 8675 – 8	34.00	2019 年 3 月
童味正醇:特色学校的文化图谱	978 – 7 – 5675 – 8944 – 5	39.00	2019 年 8 月
特色普通高中课程建设探索	978 – 7 – 5675 – 9574 – 3	34.00	2019 年 10 月

儿童是天生的探索者:360°科学启蒙教育

| | 978 - 7 - 5675 - 9273 - 5 | 36.00 | 2020 年 2 月 |

做精神灿烂的教师:教师自我成长的 5 个密码

| | 978 - 7 - 5760 - 0367 - 3 | 34.00 | 2020 年 7 月 |

让教育温暖而芬芳	978 - 7 - 5760 - 0537 - 0	36.00	2020 年 9 月
快乐教育与内涵生长	978 - 7 - 5760 - 0517 - 2	46.00	2020 年 12 月
故事教育与儿童发展	978 - 7 - 5760 - 0671 - 1	39.00	2021 年 1 月
美好教育:学校内涵发展的循证研究	978 - 7 - 5760 - 0866 - 1	34.00	2021 年 3 月
把美好种进儿童心田	978 - 7 - 5760 - 0535 - 6	36.00	2021 年 3 月

倾听生命的天籁:"天籁教育"的实践与探索

| | 978 - 7 - 5760 - 1433 - 4 | 38.00 | 2021 年 9 月 |

| 为了每一个孩子的美好心愿 | 978 - 7 - 5760 - 1734 - 2 | 50.00 | 2021 年 9 月 |

向着优秀生长:"模范教育"的理念与实践

| | 978 - 7 - 5760 - 1827 - 1 | 36.00 | 2021 年 11 月 |

跨学科课程丛书

| 大情境课程:主题设计与创意评价 | 978 - 7 - 5760 - 0210 - 2 | 44.00 | 2020 年 5 月 |
| 社会参与素养的培育模型与干预机制 | 978 - 7 - 5760 - 0211 - 9 | 36.00 | 2020 年 5 月 |

大概念课程:幼儿园特色主题活动设计

| | 978 - 7 - 5760 - 0656 - 8 | 52.00 | 2020 年 8 月 |

项目学习:进入学科的课程智慧	978 - 7 - 5760 - 0578 - 3	38.00	2021 年 4 月
STEAM 课程的设计与实施	978 - 7 - 5760 - 1747 - 2	52.00	2021 年 10 月
幼儿个性化运动课程	978 - 7 - 5760 - 1825 - 7	56.00	2021 年 11 月

核心素养导向的课堂教学丛书

| 漾着诗性智慧的课堂教学 | 978 - 7 - 5675 - 9308 - 4 | 39.00 | 2019 年 7 月 |

转识成智的课堂教学:核心素养导向的历史教学

| | 978 - 7 - 5760 - 0164 - 8 | 40.00 | 2020 年 5 月 |

| 学导式教学:学会学习的教学范式 | 978 - 7 - 5760 - 0278 - 2 | 42.00 | 2020 年 7 月 |

高阶思维教学的关键技术	978 - 7 - 5760 - 0526 - 4	42.00	2021 年 1 月
会呼吸的语文课：有氧语文的旨趣与实践			
	978 - 7 - 5760 - 1312 - 2	42.00	2021 年 5 月
高阶思维教学的核心指向	978 - 7 - 5760 - 1518 - 8	38.00	2021 年 7 月
磁性课堂：劳动技术课就这样上	978 - 7 - 5760 - 1528 - 7	42.00	2021 年 7 月
核心素养导向的作业设计	978 - 7 - 5760 - 1609 - 3	40.00	2021 年 8 月
语文，让精神更明亮	978 - 7 - 5760 - 1510 - 2	42.00	2021 年 9 月
"六会"教学法：基于核心素养的课堂教学			
	978 - 7 - 5760 - 1522 - 5	42.00	2021 年 9 月

特色课程建设丛书

教师，生长的课程	978 - 7 - 5760 - 0609 - 4	34.00	2020 年 12 月
学校课程发展的实践范式	978 - 7 - 5760 - 0717 - 6	46.00	2020 年 12 月
丰富学习经历：如歌式课程的愿景与深度			
	978 - 7 - 5760 - 0785 - 5	42.00	2020 年 12 月
学科课程群设计方法	978 - 7 - 5760 - 0579 - 0	44.00	2021 年 3 月
学校美育课程的立体建构：菁华园课程的逻辑与框架			
	978 - 7 - 5760 - 0610 - 0	36.00	2021 年 3 月
关键学习素养与学科课程设计	978 - 7 - 5760 - 1208 - 8	34.00	2021 年 4 月
学校课程设计：愿景建构与深度实施	978 - 7 - 5760 - 1429 - 7	52.00	2021 年 4 月
生长性课程：看见儿童生长的力量	978 - 7 - 5760 - 1430 - 3	52.00	2021 年 4 月
"慧阅读"课程：儿童视角	978 - 7 - 5760 - 1608 - 6	42.00	2021 年 6 月
诗意栖居的课程愿景：智慧岛课程的逻辑与深度			
	978 - 7 - 5760 - 1431 - 0	44.00	2021 年 7 月
每一个孩子都是最重要的人：V - I - P 课程的内在意蕴与学科视角			
	978 - 7 - 5760 - 1826 - 4	54.00	2021 年 8 月
给每一个孩子带得走的能力：并养式课程的旨趣与探索			
	978 - 7 - 5760 - 1813 - 4	42.00	2021 年 10 月
指向核心素养的课程统整框架：I AM BEST 课程的学科之维			
	978 - 7 - 5760 - 1679 - 6	48.00	2021 年 11 月